관계 담론

좋은 사회로 가는 길

지은이 **박 종 화** hwapark@knu.ac.kr

도시와 지역 공간에서의 '관계'를 탐구하는 연구자다. 보다 나은 사회를 만들어 가는 과정에서 도움이 되는 일상적인 처방이나 이야기에 관심이 많다. 생활 속의 관찰과 추론을 통해 우리가 무엇을 이루어 낼 수 있는지를 낯선 사람들과 이야기하길 즐긴다. 경남 밀양 출생으로, 경북대학교에서 행정학을 전공한 뒤 미국 럿거스대(Rutgers University) 도시 계획 및 정책개발학과에서 개발전략연구로 박사 학위(Ph. D.)를 받았다. 1998년에는 싱가포르국립대(NUS) 건물 및 부동산학부에서 펠로우십 교수로 강의했으며, 2007년에는 미국 윌리엄스대(Williams College) 경제학부에서 연구교수를 역임했다. 2019년 여름에는 중국 북경 인민대 공공관리학부에서 서머스쿨 강좌를 맡았다. 2009년에는 한국정부학회 회장을 맡았으며, 현재 경북대학교 행정학부 교수이자 공공문제연구소 겸임연구원으로 재직 중이다.
최근 10여 년간, 도시 및 지역개발 과정에서 신뢰관계와 네트워크를 핵심 구성요소로 하는 사회적 자본의 정책 적용 측면을 집중 연구하고 있다. 일반 시민과의 직접적인 만남과 대화를 전제할 때, 관련 콘텐츠의 ABC가 무엇일까를 염두에 둔 첫 번째 결실이 바로 이 책『관계 담론』이다. 지금까지『집합적 행동논리와 사회적 자본 담론』,*『현대입지론』,*『갈등관리론』,『도시경영론』,『지역개발론』(3인 공저),『도시행정론』(3인 공저),『지식도시론』* 등 여러 권의 책을 썼다.

*대한민국학술원 선정 우수학술도서

관계 담론 좋은 사회로 가는 길

찍은 날 2021년 11월 16일 • **펴낸 날** 2021년 11월 23일
지은이 박종화 • **펴낸이** 홍원화 • **펴낸 곳** 경북대학교출판부
출판등록 1973년 10월 10일 ㉑97호 • **주소** 대구광역시 북구 대학로 80 • **전화** 053-950-3830
팩스 053-953-4692 • **이메일** press@knu.ac.kr • **홈페이지** http://knupress.com
ISBN 978-89-7180-575-6 03330

정가는 뒤표지에 있습니다.
파본은 바꾸어 드립니다.

이 책은 친환경 재생용지를 사용하여 제작되었습니다.

관계담론

좋은 사회로 가는 길

박종화 지음

경북대학교출판부

차 례

프롤로그

힐러리 클린턴이 미 국무장관 시절 이화여대를 찾은 적이 있다. 한국 대통령과 외교부 장관을 면담한 후, 한국 최고의 여대 학생들 앞에서 미 국무장관으로서, 잠재적 대통령 후보로서, 멋진 여성의 한 사람으로서 그가 공식적인 외교 무대에서 언급하기 곤란한, 그렇지만 여성 리더로서 꼭 짚고 넘어가고 싶었던, 글로벌 사회에서 여성의 역할과 젊은이에 대한 사회적 기대 등을 피력한 적이 있다. 반세기 남짓의 시간의 흐름 속에서, 정치적 민주화와 경제적 성장을 동시에 이룩한 한국인의 남다른 의지와 결단력을 높이 평가하면서, 그 결실의 한 축인 한국 여성들의 자질과 기여를 강조했다.

50년이란 시간은 사실 많은 것을 바꿀 수 있다. 그 시간은 세계 최빈국 그룹에 속했던 극동의 한 조용한 나라를 세계 부국 반열에 올려놓을 수 있는 그런 기간이었다. 이제, 한국은 세계 200여 개 나라들 중 일곱 번째로 30-50 클럽에 들어 힐러리의 언급대로 세계의 리더국에 속한다. 하지만 힐러리가 미처 언급하지 않았지만, 우리나라는 세계가 놀라는 반세기 남짓의 변신 과정에서 관계 단절, 소득 양극화와 청년 실업, 노인 빈곤 등의 성장통을 남다르게 앓고 있다. 매일 30~40명이 스스로 목숨을 끊는 사회, 경제적 문제 등으로 50대 남성과 40대 여성의 자살률이 가장 높은 사회, 노인 빈곤율이 세계 최고인 사회가 건강하고 행복한 사회일 수는 없다. 1938년부터 지속되고 있는 하버드대의 '성인발달연구The Study of Adult Development'는 우리가 가족, 친구, 이웃과 관계를 잘 형성하면 건강하고 행복한 삶을 살 수 있음을 거듭 밝히고 있다. 그런데 왜 우리는 마치 외줄타기를 하듯 지속적으로 돈, 명예, 성공 등에 매달릴까? 왜 육체적으로 건강한 연령대인 50대 남성 집단과 40대 여성 집단의 자살률이 가장 높을까? 통계청이 밝히고, 본인들도 그렇게 생각할 수 있듯이 경제적 문제가 자살의 진짜 원인일까? 정말 아픈 순간에 그 사람의 이야기에 진정으로 귀 기울여 주고 공감해 주는 가족, 친구 또는 이웃이 있는데도 불구하고 그런 극단적 선택을 했을까? 벌써 50년 전, 독일 작가인 미하엘 엔데가 41세 때 출판한 『모모*Momo*』(1970)에서처럼, 이 세상 모든 것의 말에 귀를 기울일 줄 아는 모모가 그네들 곁에 있었더라도 그들이 그런 선택을 했을 것인지가 궁금했다. 우리가 관계 문제를 경제 문제로 인식하고, 사람 대신 사물을 사랑해 왔던 것은 아닌지 『관계 담론』에서 밝혀 보고 싶었다.

교수는 직업 특성상 젊은이들과의 접촉 빈도가 높다. 접촉 빈도가 높다고 해서 사적인 얘기를 깊게 나눈다는 의미는 아니다. 하지만 그래도 다른 직업군에 비해서는 젊은이들과의 교류의 폭이 넓고 빈도 역시 잦은 편이다. 특히, 대학원생들의 경우는 친구같이 가까이 지내는 경우도 드물지 않다. 예의 바르고 유능한 학생들은 교수가 좋아할 수밖에 없고, 당연히 일과 관계없는 이야기도 많이 나누게 되고, 그러다 보면 사회인으로 진출한 이후에도 간헐적으로 만나게 된다. 서로 직접적인 이해관계가 없어도 만나서 반가운 사이는 좋은 관계다. 서로 밥과 술을 사고 싶고 할 이야기가 많으면 한 번씩 만나지 않을 이유가 없다. 그런데 다 그런 것은 아니지만, 멋진 제자들이 자신들의 삶을 팽팽한 피아노 줄처럼 살고 있는 것 같아 안쓰러울 때가 적지 않다. 설득력 있는 대안을 제시하지도 못하면서, 어쭙잖게 이래라저래라 할 수 없어 대부분 그냥 듣기만 한다. 하지만 이 사람들의 삶에 뭔가 문제가 있는 것이 아닌가 하는 생각을 떨치기 어렵다.

어느 날, 소의 되새김질처럼 제자들과의 만남을 돌아보는 순간, 팽팽한 피아노 줄 같은 삶의 ABC가 이 사람들만의 문제가 아니라 우리 젊은이들의 거의 보편적인 문제가 아닌가 하는 생각이 들었다. 내가 잘 알지도 못하는 주식 종목을 쭉 꿰고 있고, 어느 자리에 가면 얼마를 받을 수 있으며, 어느 지역 아파트를 어떤 방식으로 사야 할지를 고민하는 모습에서, 이 시대 젊은이들의 공통 초상이 불현듯 그려졌기 때문이다. 그렇게까지 살지 않아도 될 것 같은데 자산, 시간, 관계 등에 한 치의 빈틈도 없어 보이는 그네들 모습에서 표현하기 어려운 거리감이 잠깐이나마 들었던 것은 어쩌면 단순한 세대 간의 감각 차이인지도 모르겠다. 하지만 윤택한 미래를 위해 여가 시간조차 가장 효율적으로 썼으면 하는 모습에서, 눈치 없이 반갑다고 붙잡기 어렵다는 것을 지각하지 않을 수 없었다. 당연히 먼저 연락해서는 안 되겠다는 생각이 들었다.

우리가 어떤 행동을 할 때 반사적인 반응을 제외하면 대개 생각을 하고 계산을 해서 좋은 안을 선택한다. 따라서 사전적인 이해관계 계산은 지극히 당연한 것이고 대개 그렇게 하고 있고 해야 한다. 그런데 문제 인지, 목표 설정, 행동 계획, 자원 동원, 실행 및 검토 등 일련의 결정 과정을 약간의 여유도 없이 모든 사안에 언제든 최대치로 설정해서 하게 되면 어떻게 될까. 단순히 생각하면, 일련의 생각-계획-행동을 더 이상 잘할 수 없게 최대치로 가동하면 최고의 결과가 나와야 한다. 그런데 그게 정말 그럴까 하는 것이다. 예컨대, 하루라도 빨리 돈을 모아 좋은 아파트와 차를 사고 휴가 때마다 남부 유럽 등을 여행하기 위해서는, 연봉을 조금이라도 더 주는 일자리가 있으면 잽싸게 옮겨야 한다. 최대 수익률이 기대되는 주식이나 채권을 남보다 먼저 많이 사려면 주식이나 채권 정보에 항상 한쪽 귀를 열어 놓아야 한다. 시세에 어두운 부모님의 돈을 끌어들여서라도 뜰 것 같은 유가증권에 남보다 먼저 투자해야 된다. 또는, 역으로 나중에는 놀 기회가 별로 없을 것 같으므로 지금 내가 가용할 수 있는 자원인 시간과 돈을 최대치로 끌어모아 지금 이 순간 나를 위한 소비 행동을 최대한 펼쳐야 한다. 그런데 돈을 최대한 빨리 벌고자 하는 행위와 가용 자원을 최대한 빨리 현재 소비에 투입하고자 하는 행위는 선택의 우선순위만 다를 뿐 기본적으로 동일한 선형적 사고방식에 해당한다.

선형적 사고방식은 대안 모색 과정에서 가장 효율적인 선을 모색하고 설정해서 오차 없이 실행하는 것이다. 그런데 이 선형적 사고방식은 그 특성상 남용하면 역설적으로 가장 비효율적일 수 있다. 이는 흡사 환절기에 편도가 부을 때마다 고단위 항생제를 처방해서 최대한 빨리 회복하도록 하는 것과 비슷한 맥락이다. 겨울철 심하지 않은 편도선 염증 질환은 대개 따뜻한 차를 마시고 집에서 쉬면 저절로 낫는다. 그런데 그것을 보다 빨리 보다 확실하게 치유하기 위해 고단위 항생제를 반복해서 처방하면 장차 정말 중요한 문제가 생겼을 때 효과적으로 대처할 수가 없게 된다. 더욱이 항생제는 당장의 염증은 잡겠지만, 인체 내에 우리가 알기 어려운 여러 가지 생체 균형 요소들에 부정적 영향을 미칠 수가 있다. 그리고 그 부정적 영향은 대개 나중에 보다 심각한 상태로 발현될 수 있고, 지금은 누구도 그 복잡하고 미묘한 상호작용 관계를 정확히 모른다. 팽팽하게 당겨진 여유 없는 삶에서는 잠시 가던 길을 멈추고 뒤를 돌아보는 것조차 쉽지 않다. 만약에 우리가 선택한 이 길이 잘못된 길이라면 열심히 갈수록 우리는 우리가 진정으로 가고자 하는 목표 지점에서 점점 더 멀어질 뿐인데도 말이다.

여백이 없는 삶은 프리드리히 니체가 언급한 과잉주의hyperattention처럼 자신의 일과 행동이 진정으로 맞는 것인지에 대한 깊은 사색을 불가능하게 한다. 정신적 이완이 필요한 순간에 과잉활동 형태는 자신의 일을 제대로 즐기기 어렵게 하고 분주함과 히스테리만 남기기 때문이다. 삶의 속도를 가속화시키면 목표 지점에 어떻게든 빨리 다가갈 수 있어야 하는데, 철학자 한병철의 지적처럼 오히려 극단적으로 허무한 삶으로 굴러떨어질 수 있다. 인생을 오래 산 사람들은 한 걸음 한 걸음 각자의 길을 충실하게 가다 보면 어느 새 원하는 결과를 얻게 된다는 것을 경험을 통해 안다. 그런데 과도한 선형적 사고의 결과로 우리는 더 빨리 더 낭비 없이 일을 해치우고자 하고, 그 과정에서 숨이 막히고 자신이 쓰러지는 줄도 모른다. 우리 젊은이들에게만 한정되는 것은 아니지만, 성과사회에서 탈락자라는 인식은 벌거벗은 생명인 호모 사케르Homo Sacer를 양산시키고 유난히 높은 자살률로 표출되는지도 모른다.

여백을 없앤 삶은 분별력의 약화뿐만 아니라 분별력이 떨어지고 있다는 사실 자체를 지각하기 어렵게 한다는 또 다른 문제가 있다. 똑똑하고 한 치의 빈틈도 없는 우리 젊은이들은 대개 자신은 시간을 최대한 효율적으로 활용하고 있다고 생각한다. 따라서 자신의 사고와 행동 방식에서 뭐가 문제인지를 생각한다는 것 자체가 시간 낭비가 된다. 그렇다면, 우리의 대뇌도 그 사안은 스위치 오프 상태로 대처해서 대뇌 활동의 효율성을 높이고자 할 가능성이 높다. 피아노 줄이 끊어질 정도로 바쁘다는 말을 입에 달고 살지만, 실제 피아노 줄이 끊어질 수 있다는 사실 자체를 인식 못 하는 것이다. 투자 과정에서도, 버는 돈과 얻는 돈을 최대한 효율적으로 투자하다 보니 항상 돈에 쪼들린다. 시간을 최대한 절약해서 가장 효율적으로 사용하다 보니 항상 시간이 없어 쩔쩔맨다. 그런데 정작 이런 식의 포트폴리오가 자신의 아름다운 삶이란 큰 그림에서 맞는 선택인지 생각하기는 쉽지 않다.

꿀벌과 개미들의 집단생활을 관찰한 학자들은 공통적으로 해당 집단의 일꾼들 중 한 20~30퍼센트는 늘 게으름을 피우고 놀고 있다고 말한다. 그래서 게으름을 피우고 놀고 있는 꿀벌이나 개미를 식별해서 선택적으로 제거해 보았더니, 이제 또 다른 일벌이나 일개미들 중에서 다시 그 정도 비율의 게으른 일꾼들이 생겨났다고 한다. 따라서 관련 학자들은 게으른 일꾼들이 예비군 같은 역할을 하거나, 지나친 긴장을 막아서 집단의 장기 생존에 보탬이 되는 것이 아닌가 추론했다. 신영복 교수가 한 말 중 자신의 능력의 한 '70퍼센트의 자리'가 득위의 비결이 아닌가 하는 이야기도 동일한 맥락일 것이다. 자기 능력의 120퍼센트나 130퍼센트의 자리에 가기 위해 아등바등하는 현실에서, 우리가 정작 지켜야 할 중요한 것들을 버리고 있는 것은 아닌가 하는 우려를 지적한 것일 테다. 자신이 투자한 주식이나 채권의 수익률이 약간 떨어져도 웃고 지나갈 수 있을 정도의 투자, 아파트나 가전제품 때문에 매달 갚아야 할 돈이 가슴까지 차지 않을 정도의 선택, 친구나 가족의 이야기를 귀 기울여 들을 수 있을 정도의 마음의 여유가 우리네 삶에서 얼마나 중요한지를 『관계 담론』에서 제한적이나마 투사시켜 보고 싶었다.

러시아 출신의 추상표현주의 선구자인 마크 로스코의 그림은 단순하다. 캔버스 전체를 채운 것은 대개 오렌지와 옐로 등 몇 가지 색의 면과 불분명한 경계선뿐이다. 그런데 그림을 전공한 사람이든 필자와 같은 딜레탕트이든 그의 그림에서 따뜻함과 소박함, 또는 보는 사람마다의 다양한 감정을 느끼게 된다. 그는 자신의 그림에서 "그저 인간의 기본적인 감정을 표현하고 싶었다"라고 하였지만, 우리는 그 단순함에서 우리 나름의 꿈의 새를 우주 저편까지 날려 보낼 수 있다. 달라이 라마의 통찰처럼, 우리 삶의 지향점이나 일상의 선택 기준 역시 복잡한 무엇이 아니라 '어제의 나보다 더 나은 사람'이 되는 간단한 것인지도 모른다. 행복하고 건강한 삶, 보다 나은 사회로 가는 길에서 우리가 선택할 수 있는 여정이 결코 만만치 않다는 것을 부정하는 것은 아니지만, 결코 불가능한 어떤 것이라고는 생각하지 않는다. 어쩌면 우리 각자가 약간의 방향 수정과 속도 조절만 하면, 예상외로 우리가 궁극적으로 중요하다고 생각하는 것들의 상당 부분을 보다 쉽게 얻을 수 있겠다는 직관에서 이 책의 집필이 시작되었다. 동일 맥락에서, 영민하고 똑떨어지는 21세기 우리의 희망들이 자신의 길에서 필요한 어떤 여백을 이 책에서 보다 쉽게 찾을 수 있지 않을까 하는 '세렌디피티serendipity' 형태의 기대 또한 이 일의 주요 동력이었다. 마크 로스코의 단순한 색 면과 불분명한 경계선에서 우리 나름의 꿈의 새를 어디든 날려 보낼 수 있는 것처럼, 이 소박한 책에서 독자 나름의 관계의 의미나 가치 그리고 현재 할 수 있는 일이 무엇인지에 대한 생각의 창을 열어 갔으면 싶다.

박 종 화

마이너스 인간

우리가 현실의 삶에서
내가 하는 일을 귀중하게 생각하고,
나의 일과 관련된 사람들의 입장을 돌려 생각하며,
나의 일에 최선을 다한다면
우리들 중 많은 사람이 각자의 분야에서
조앤과 안도처럼 뛰어난 성취를 못 할 것도 없다.

삶이 너무 팍팍하다는 이야기가 주변에 널렸다. 청년들은 일자리 구하기가 어렵고 일자리를 구해도 먹고살기가 빠듯하다고 난리다. 중년들은 노후가 걱정이긴 한데, 늙은 부모 걱정과 아직 제대로 자리 잡지 못한 자식들 문제로 자신들의 문제를 돌아볼 여력이 없다. 노년층의 경우는 경제적으로 여유가 있는 경우도 있지만 대부분 건강 상태 등 미래의 불확실성으로 인해 허리띠를 더 졸라매야 할 것 같은 강박감에 쫓긴다. 요즘은 심지어 유치원생이나 초등학생들도 바쁘다는 말을 입에 달고 산다. 흡사 국민 전체가 여백 부재 내지 마이너스 삶의 행로를 악성 주술에 걸려 꾸역꾸역 걸어가고 있는 것 같다. 왜 그런가? 진짜 우리가 마이너스 인생을 꾸려 가고 있는 것인지, 실제적으로 마이너스 인간의 삶이 불가피하다면 다른 방안은 없는지 등이 여기서의 논의의 쟁점이다. 설혹, 마이너스 인간의 삶이 불가피하더라도 무엇이 원인인지와 어떻게 피할 수 있는지를 찾아내는 것이 순서다.

마이너스 인간은 간단히 이야기하면 자신이 가진 것보다 빚진 것이 더 많은 상태 또는 버는 것보다 지출이 더 많은 상태의 삶을 지칭한다. 돈이든, 시간이든, 또는 기타 가치 있는 것들을 우리는 가능한 한 많이 가지고 싶어 한다. 지금 당장 사용하거나 다음에 필요한 때를 대비해서 비축하고 싶기 때문이다.

우리는 거의 대부분 자신이 가진 것이 많아졌으면 하지 적어졌으면 하지 않는다. 『해리 포터*Harry Potter*』의 저자 조앤 K. 롤링Joan K. Rowling은 그녀의 가정사 얘기에서 빈곤했던 시절의 어려움을 피력한 적이 있다. 가난에 찌든 부모들은 당연히 대학 문턱을 넘어 본 적이 없었고, 그 결과 딸의 문학적 상상력이 먹고사는 문제에 전혀 도움이 되지 않는다고 생각했다. 하지만 조앤은 성공한 소설가가 되기 위한 꿈과 열의가 너무 강해 부모님이 알았다면 가장 쓸데없다고 생각했을 그리스 신화 같은 고전과목에 빠졌었다고 고백한 적이 있다. 항상 빈곤했던 부모는 공부 잘하는 딸이 자신들처럼 가난하게 살까 봐 그렇게 염려했음에도 불구하고, 조앤은 자신의 열정에 이끌려 돈벌이가 되는 직장인으로서의 성공의 길과 '정반대'의 길을 걸어갔다.

자신의 의지력과 결단력을 누구보다 믿었겠지만, 어려운 형편의 부모가 그렇게 우려했던 험난한 길을 걸어갈 때의 그 외로움과 공포를 상상해 보는 것은 어렵지 않다. 결혼은 실패했고, 직장은 없고, 어린 딸은 울고, 가난한 부모가 반대하고 우려했던 그 '빈곤의 길'에 직면한 똑똑한 젊은 여성의 절박한 심정을 우리는 여기서 바로 그려 볼 수 있다. 『해리 포터』가 세상에 나오기까지의 7년이라는 기간은 보통 사람들이 참고 견디기에는 너무 길고 어두운 터널 속의 시간이었을 것이다. 노출

콘크리트의 거장, 안도 타다오安藤忠雄는 꿈을 창조하는 건축가로 성공하기 전까지 별 볼 일 없는 프로 복싱 선수였고 건축 현장의 막노동 일꾼이었다. 헌책방에서 보고 싶은 서양 건축 관련 책을 골라 하루 종일 구석에서 보다가, 돈이 생겨 그 책을 사기 전에 혹 누군가 책을 사 갈까 봐 원래 있던 자리가 아닌 다른 구석에 책을 꽂아 놓았다는 고백은 삶의 절실함과 척박함이 어느 정도였는지를 잘 보여 준다. '사각의 링'은 승자의 자리고, 관객은 그저 챔피언에 환호하지만, 실제 경기에 참여하는 선수들은 잘나가는 선수가 아니라고 해서 그 상처나 두려움이 결코 그렇고 그런 것이 아니다. 오히려 패자의 두려움이 승자에 비해 더 크고 깊었을 것이다.

우리는 여기서 조앤 K. 롤링과 안도 타다오가 성공하기까지 그 어렵고 절박했던 시기를 두 사람의 삶에서 마이너스 기간이라고 말할 수 있을까? 아마 대부분의 사람들은 그렇지 않다고 말할 것이다. 오히려 그 기간은 성공에 이르는 길에 놓여 있었던 장애 내지 극복 가능한 고충의 시기 정도라고 생각할 것이다. 그렇다면, 마이너스 삶은 6개월, 1년, 3년 혹은 10년 등 특정 기간이 중요한 것이 아니고, 한 인간의 전체 삶의 관점에서 바라봐야 한다는 결론이 나온다. 즉, 전체 삶을 되돌아봤을 때 총체적으로 마이너스 혹은 플러스라고 규정할 수 있다는 것이다. 사실 조앤의 『해리 포터』가 사람들의 관심을 끌지 못했고, 그녀는 그 실패를 계기로 소설가의 꿈을 접고 성실한 남자를 만나 재혼해 행복하게 살았다면, 조앤과 그녀의 친구들은 그 엄혹한 7년을 그녀의 삶에서 어두운 시기로 규정했을 가능성이 높다. 안도의 건축이 개인적인 취미 수준의 딜레탕티슴 dilettantism 정도로 끝났다면, 안도 본인은 몰라도 가까운 주변 사람들은 건축가가 되기 위한 그의 각고의 세월을 마이너스 시기로 규정했을 것이다. 그런데 이 두 가지 가정은 사실 현실에서는 훨씬 더 빈번하게 발생할 개연성이 높은 추론이다. 그 두 사람은 어떻게 보면 성공 가능성이 5퍼센트도 안 되는 길을 걸어갔고, 그 길 위에서 평범한 사람들이 이룰 수 없는 궤적을 만들어 갔는지 모른다. 따라서 조앤의 그 7년의 시간(대학 재학 기간까지 포함하면 약 10년의 세월) 그리고 안도의 그 긴 습작의 시간은 사실 보통 사람들이 할 수 있는 합리적인 사고에 의하면, 마이너스의 기간이고 해서는 안 되는 경험으로 볼 수도 있다. 나는 여기서 특별한 사람이 아닌 일반인의 관점에서 그려 볼 수 있는 마이너스 인간 증후군의 원인과 증상 그리고 가능하다면 탈출 방안을 크게 몇 가지로 이야기해 보고 싶다.

우선, 우리가 현재 살고 있는 시대가 실제 마이너스 인간의 시대인지 아닌지에 대한 기본적인 물음이다. 토마 피케티

Thomas Piketty는 최근 그의 저서 『21세기 자본*Capital in the Twenty First Century*』에서 글로벌 기업들의 납세 자료 통계치를 이용해서 부富의 대물림 현상의 심각성을 경고했다. 그는 실증적인 연구 형태로 자본소득이 노동소득보다 우위에 있음을 밝혀 '시대의 코드'를 건드렸고 세계적인 베스트셀러 저자가 되었다. 그가 대안으로 제시한 글로벌 자본세 등은 노벨경제학상 수상자인 로버트 J. 실러Robert J. Shiller 교수 등의 지적처럼 받아들이기 어렵다. 하지만 어쨌든 그의 연구는 부자나 성공한 사람들에 대한 사회적 약자들의 르상티망ressentiment이 '이유 있음'을 상당 부분 대변해 주었고, 악화되는 양극화에 경종을 울렸다. 선진 산업사회의 경우에도 일자리를 구하는 젊은이 다섯 명 중 한 명은 개점 휴업 상태에 있고, 돈 잘 버는 좋은 일자리들은 사회적 배경이 좋은 이들이 상당 부분 독점하고 있는 현실에서, 우리는 21세기 사회에서의 마이너스 삶이 단순한 관념적 이슈가 아님을 쉽게 알 수 있다. 우리나라의 경우에도, 2016년 현대경제연구원과 매일경제신문이 공동으로 실시한 한 조사에 따르면, 우리 국민들이 가장 중요하게 생각하는 가치는 기회 균등이었다.[1] 사람들의 선호는 사실 사회적 진공 상태에서 발현되는 것이 아니다. 특정 사회적·구조적·문화적 상호작용 환경 속에서 투영되고 빚어지는 것이다. 지금 우리 사회를 비추는 거울 속에 소득 불평등과 기회 불균등 현상 그리고 그에 따른 마이너스 삶의 부작용이 크게 자리 잡고 있는 것이다.

사실, 이런 소득 불평등과 양극화 현상의 기저에 무엇이 도사리고 있는지에 대해서 오래전 브라이언 아서Brian Arthur 등 일군의 지식경제학자들은 수확체증increasing returns to scale 현상에 주목하였다. 지식기반사회와 글로벌 경제로의 흐름이 상승적으로 수확체증 현상의 규모와 깊이를 확장시키고 있다는 것이다. 수확체증 현상은 생산량 또는 서비스의 규모가 커지면 커질수록 산출 대 투입비가 폭발적으로 커질 수 있는 생산 또는 산출 형태를 일컫는다.[2] 소프트웨어, 약품, 방송 서비스 등 지식기반 상품 및 서비스는 수확체증 형태의 상품 또는 서비스가 대부분이다. 마이크로소프트사의 빌 게이츠Bill Gates를 일약 세계적인 거부로 만들어 준, 윈도우즈 등 컴퓨터 운영 체계 프로그램을 생각해 보면 답은 명확하다. 운영 프로그램의 최초 개발 단계에서는 천문학적인 비용이 소요되지만, 일단 개발되고 나면 그다음 두 번째 생산품의 생산 비용은 급격하게 떨어져 사실상 거의 영零의 값에 가깝다. 즉, 초기 개발 비용이 많이 들더라도 일단 주도적 상품이나 서비스로 판명되어 글로벌하게 판매되어 나갈 수 있다면, 일정 규모 이상의 판매는 그 모든 판매 수입이 수익으로 귀결될 수 있는 구조인 것이다. 이런 상품이나 서비스는 제도적으로 그냥 방치하면 자연독점natural monopoly성이 강한 상품이나 서비스가 된다. 그런데 문제는 현대 지식기반경제에서 이런 상품이나 서비스가 적지 않고, 계속 확대되는 추세에 있다는 것이다. 그리고 이런 추세가 확대되면, 국가 간, 지역 간, 산업 간, 사람 간 소득 격차가 지속적으로 확대된다. 이런 소득 격차 심화를 교정할 수 있는 신통한 방법이 별로 없을뿐더러, 이런 경제 구조하에서는 마이너스 인간이 광범위하게 나타날 수 있다는 것이 큰 문제다. 일부 사람들의 본성이 사악해서가 아니라, 앞으로 다가오는 지식기반경제의 구조 자체가 마이너스 인간을 양산할 수 있는 토대를 가지고 있는 것이다.

그다음은, 실제로는 그렇지 않은데 인식상의 오류로 인해 마이너스 인간이 되고 마이너스 인간의 행동을 하게 되는 것이다. 로버트 D. 퍼트넘Robert D. Putnam은 『나 홀로 볼링*Bowling Alone*』이란 흥미로운 저술을 통해 미국 사회 공동체의 붕괴 과정에서 사실상 길에서 히치하이킹hitchhiking이 사라졌고 일터에서 '주변 쳐다보지 않기' 등의 현상이 만연해졌음을 지적했다. 그는 새로운 세대들의 성향은 사회의 모습이 거울에 투영된 것이라는 측면에서, 사회 자체가 바람직함을 잃어갔기 때문이 아닌가 해석했다. 그래서 사회 자체를 다시 바꾸어 가기 위해 무엇이 필요한지를 밝히고자 했고, 그는 사회적 자본social capital에 주목했다. 그런데 우리가 지금 모두 짐작하고 있듯이 도로상에서 히치하이킹을 더 이상 보기 어렵게 된 것은 노상 범죄 발생 등으로 인한 부작용 때문이다. 그리고 직장에서 고개를 돌려 주변을 쳐다보지 않는 행태는 극단적인 경쟁으로 치닫는 기업 환경의 변화 때문일 것이다. 따라서 퍼트넘은 이 문제를 풀기 위해서 사회적 자본 형성을 통해 범죄 발생 가능성을 낮추거나 기업경영환경 자체를 보다 인간적인 형태로 바꿔 나가야 될 것으로 보았다. 그런데 여기서 인간의 판단 즉 의사결정은 기존 인식구조와 새로운 정보의 결합 및 반응으로 본다면, 그리고 새롭고 자극적인 정보의 영향이 더 크다면 어떻게 될까? 특히, 부정적인 정보의 영향이 더 크고, 동일한 정보라도 반복적일 때 영향이 더 크다면 어떻게 될까? 그리고 우리가 매일 일상적으로 접하는 다양한 영상정보가 매체의 특성상 긍정적인 것은 당연히 정보로서의 가치가 떨어지고, 부정적인 것만 가치가 있어 주로 확대 재생산되는 구조라면 어떻게 될까? 사실, 현대 정보매체는 거의 확실하게 정보가치이론 측면에서 부정적인 정보만 확대 재생산하는 구조를 보여 주고 있다. 우리는 사실에 기반해서 합리적인 판단을 하면서 살고 있다고 생각하지만, 실상은 그렇지 않을 수도 있는 것이다. 우리는 부정적이거나 극단적인 정보를 과잉인지over-perception하고 대개 그에 따라 행동하고 있는 것이다. 결과적으로, 실상에 비해 마이너스 삶

내지 마이너스 삶의 형성 구조에 대한 과잉인지 및 과잉반응을 하고 있을 가능성이 높다.

마이너스의 대칭적인 개념은 플러스이다. 소득 창출이라는 측면에서 마이너스 인간을 정의해 보면, 벌어들이는 것보다 지출하거나 상실하는 금액이 많으면 마이너스 인간이다. 지금은 거의 사용하지 않는 용어지만, 신용카드나 금융기관 신용대부가 사실상 작동하지 않았던 호랑이 담배 먹던 시절에 우리 사회에서는 '가불인생'이라는 용어가 유행어처럼 존재했던 적이 있었다. 가불은 월급쟁이들이 그달 써야 할 돈보다 통장 잔고가 부족할 경우, 다음 달 월급을 담보로 경리과에서 미리 월급을 당겨쓰는 방식이다. 이달 사용할 돈이 모자라서 다음 달 월급을 미리 당겨쓰는 것이지만, 경리과에서는 항상 약간의 운영경비를 여유 있게 잡아 두고 있었기 때문에 생활비가 궁한 직원들은 무이자로 돈을 돌려 쓸 수 있었다. 문제는 그 직원이 다음 달에도 생활을 해야 했기에, 이번 달 가불금을 공제한 잔액으로는 다음 달 생활비를 맞출 수 없다는 것이있다. 결국, 그다음 달도 월급날이 되기 전에 가불을 또 받아야 하는 상황에 봉착하게 되는데, 이런 상습적인 마이너스 현상을 빗대어 가불인생이라는 자조적인 용어가 사용되었던 것이다.

물론 가불인생이 산업화 초창기 월급쟁이들만의 애환은 아니다. 역사적으로 보면, 농업사회에서 소규모 자작농의 경우 춘궁기에 쌀이나 보리를 부잣집에서 꿔다 먹고 추수 후에 이자를 더해 갚았던 경험은 가불인생의 고전적 버전이다. 조선이 몰락한 원인의 하나로 지적되는 삼정의 문란 중 환정還政 역시 시작은 춘궁기에 빈농들에게 먹고살 양식과 씨앗을 빌려주었다가 추수 뒤에 되돌려 받아 농업의 재생산 구조를 유지하고 군자미를 매년 새로운 곡식으로 대체하고자 한 제도였다. 그러나 국가재정이 어려워지자 모곡이라 하여 이자를 붙여 받고, 아전들의 횡포와 편법이 극심해지자 19세기 크고 작은 농민항쟁의 도화선이 되고 조선의 몰락이 가속화되는 계기가 된다. 여기서 어떻게 보면 수수께끼 같은 조선의 급작스런 몰락을 이야기하는 것은 본 논의의 주제를 벗어난다. 하지만 농업사회에서 다른 기회가 거의 없는데, 사실상 탈출구가 없는 상황에서 에너지가 넘치는 사람들을 제도로 속박하게 되면 결국 에너지의 확장이 아니라 에너지의 소진으로 귀결되는 것이 아닌가 하는 추론은 충분히 내릴 수 있다.

다음 달 월급을 미리 당겨쓰는 가불인생이든, 올 가을 추수할 곡식을 미리 당겨쓰는 대곡 또는 환곡이든 이런 마이너스 삶의 방식이 과거에만 국한된 것은 아니다. 신용카드나 신용

대출 등으로 형태만 달라졌을 뿐 지금 우리들의 삶에도 동일한 마이너스 삶의 구조가 되풀이되고 있지는 않는가 하는 것이 여기서의 검토 사항이다. 그리고 마이너스 삶이 구조적 형태인지 또는 단지 선호의 문제인지 여부도 함께 이야기해 볼 필요가 있다. 지금 마이너스 삶에 대한 세대 간 인식 격차가 발생하는 지점이 바로 여기에 있는 것 같아 보이기 때문이다. 마이너스 삶이 대부분 구조적인 문제에 기인한다는 것이 젊은 세대의 인식임에 반해, 그 윗세대는 대부분 선택과 삶의 방식에 기인한다고 보고 있다. 장년과 노년 세대는 대부분 정말 힘들게 일해서, 완전하지는 않지만 훨씬 더 나은 운동장을 젊은 세대를 위해 만들어 왔다고 여기고 있다. 하지만 젊은 세대는 아래쪽 운동장에 있는 자신들은 열심히 했는데 '기울어진 운동장'을 물려줘서 그 결과가 자신들의 기대와는 전혀 맞지 않다고 생각한다. 그런데 여기서 다음 세 가지는 언급하고 넘어갈 필요가 있다. 첫째, 기울어진 운동장은 상당 부분은 맞고 상당 부분은 틀리다는 것이다. 우선 정태적인 관점에서 보면, 기울어진 운동장이란 특성은 맞는 것 같다. 서울에 일터를 구했는데 부모로부터 아무런 지원이 없다면 그곳에서 플러스 인생을 제대로 설계하기가 매우 어렵다. 젊은이들의 언어로 표현하면 '각'이 나오지 않는다. 그런데 동태적인 관점에서 보면 이런 진단과 예측은 틀렸을 가능성이 훨씬 더 높다. 상황과 조건 자체가 바뀔 수 있기 때문에, 어렵지만 헤쳐 나가다 보면 마이너스 삶에서의 탈출구가 열리고 플러스 삶으로의 이행이 가능하다는 것을 오래 산 사람들은 경험과 직관으로 안다. 둘째, 지식기반사회와 글로벌 경제로의 이행은 선택의 문제가 아니라는 것이다. 지식이 생산 과정에서 차지하는 비중이 점점 더 확대되어 갈 때, 범용적인 지식의 소유자가 갖게 되는 가치는 점점 더 하락할 수밖에 없다. 소위 제4차 산업혁명으로 언급되는 인공지능AI, 빅데이터Big Data, 사물인터넷IoT 등이 기존 기술과 융합해서 큰 부가가치를 창출하게 되는 사회에서는 단순한 근육 노동력의 가치와 단순 범용 지식의 가치가 급격하게 떨어지는 것은 불가피하다. 게다가 글로벌 경제로의 이행은 이와 같은 움직임을 점점 더 가속화시켜 갈 것이다. 21세기 사회에서 봉건제 사회로의 회귀가 불가능한 것처럼, 몇몇 정치인들의 폐쇄적이고 억압적인 시도는 큰 흐름의 물줄기를 장기적으로 바꾸지는 못할 것이다. 유럽의 청년 실업률이 코비드19COVID-19 사태 이전에도 18퍼센트 정도에 이르고 이탈리아의 청년 실업률이 35퍼센트 정도에 이르는 것은 특정 산업 정책의 실책이나 정치적 부패 등의 원인을 감안해도 산업 구조적 원인이 큰 변수임을 짐작하기 어렵지 않다. 따라서 클린턴 행정부 시절 노동부 장관을 역임했던 로버트 라이히Robert B. Reich 교수가 『국가의 일*The Work of Nations*』에서 강조했던, 대량생산 과정에 투입되는 노동력의 미래가 어둡다는 예측도 동일한 맥락에서 나온 것이다.[3] 셋째, 윗세대가 헤쳐 온 현실 역시 만만치 않았다는 것이다. 기대 수준 자체가 높지 않았던 것이 사실이지만, 그 당시는 중산층들조차도 만부득이하지 않으면 택시를 타지 않았고, 하계 바캉스라는 것을 다소 이상한 현상으로 받아들였다. 오죽하면, 자전거 숫자가 지금 가가호호의 자가용 숫자보다 더 적었고, 자전거를 두 대 세 대 가지고 있는 가정도 매우 드물었겠는가.

심리학자들은 사람들의 행복과 불행이 상당 부분 비슷한 처지에 있는 사람들과의 비교에서 비롯된다는 사실을 지적한다. '사촌이 땅을 사면 배가 아픈 것'이 이상한 행태가 아니고, 그것이 지극히 당연한 행태라는 것이다. 그와 같은 맥락에서 마이너스의 삶이 구조적인 것이 아닌데 잘나가는 사람과의 비교 과정에서 자신의 삶을 마이너스 삶으로 인식하고 있는 것이 아닌가 하는 점이다. 금수저, 은수저, 흙수저 같은 조어가 유행하는 것 역시 척박한 현실이 빈영된 결과로 볼 수도 있지만, 동시에 금수저에 투영된 나의 삶에 대한 냉소적 인식이 결합된 것으로도 볼 수 있기 때문이다. 사실 금수저를 그렇게 부러워할 일이 아닌데, 지나치게 부러워하는 것이 아닌가 하는 우려가 드는 것 또한 사실이다. 순전히 행운만으로 금수저 가정을 일군 사람은 거의 없다. 남다른 혜안과 직관 그리고 노력에 의해서 금수저 가정을 일군 사람들이, 보통의 도덕 수준으로 자신들의 자산을 자손들에게 합법적으로 물려주고자 하는 행위는 나무랄 필요도 없고 나무랄 사안도 아니다.

우리 인간은 진화된 유기체이다. 뉴욕대를 졸업하고 콜럼비아대에서 교수를 지냈던 에릭 R. 캔덜Eric R. Kandel 박사는 인간 기억력의 화학적·세포적 토대를 밝혀내기 위해 한평생 매진했다. 해양 민달팽이sea slugs 연구를 통해 인간 기억력의 화학적 작용을 판독해 냄으로써 2000년도 노벨 생리의학상을 수상했다. 주위 동료들은 해양 민달팽이 같은 단순 생명체에 대한 연구는 복잡한 인간 뇌의 판독에 아무런 도움을 주지 못할 것이라고 비웃었지만, 그는 끊임없는 호기심과 열정으로 무엇을 성취할 수 있는지 보여 주었다. 물론, 여기서 캔덜 박사의 호기심과 열정에 대해서 이야기하려는 것은 아니다. 가장 단순한 생명체가 인식하고 판단하는 기본적인 기억의 틀은 우리 인간과 큰 차이가 없다는 점이다. 생존과 번식을 위해 끊임없이 판단하고 결정해 가는 과정에서 단순하든 복잡하든 진화라는 발전의 경로를 겪어 왔다. 그런데 지식기반사회로 이행하는 과정에서 역설적으로 우리는 지적 작업을 기피하고 경우에 따라서는 스스로 생각하고 판단하는 과정을 소홀히 하고 있는 것이 아닌가 하는 점을 여기서 생각해 볼 필요가 있다. 소위 전문가라는 사람들의 판단에 우리 결정을 맡겨 버리고 있는 것은 아닌가 하는 것이다. 스스로 생각하고 판단하는 과정을 통해서 우리 뇌의 자율적 제어 기능을 키워 갈 수 있을 텐데, 쏟아지는 정보의 물결 속에 우리가 그냥 떠내려가고 있는 것은 아닌가 하는 것이다. 사람은 개별적 주체별로 인식역량과 행동역량이 다를 수 있고, 따라서 문제는 동일해도 그 문제를 풀어 가는 방식과 새로운 변화에 대처하는 행동과 결과 역시 다를 수가 있는데, 그와 같은 점이 감안되지 못할 수가 있기 때문이다. 마이너스 삶이라고 인식되었을 때, 그 문제를 풀어 나가기 위해 전문가의 판단을 활용하는 것과 전문가의 판단에 의존하는 것은 다르다.

마이너스 삶을 절대적인 측면이 아니라 상대적인 측면에서 시간, 금전, 마음의 여유, 관계의 부족 등으로 본다면, 조건부 사랑이나 조건부 관계는 마이너스 삶으로 가는 지름길이 된다. 부모와 자식 간의 관계도 애정의 관계라기보다 부모의 기대를 성취시켜 주는 것을 대가로 한 관계 설정이라면, 『뉴욕 타임스』 칼럼니스트인 데이비드 브룩스David Brooks의 날카로운 지적처럼, 부모와 자식 간에서조차 관계를 부식시키는 산酸 효과가 발생할 수 있다. 우스갯소리로 요즘은 유치원생도 바쁘다는 이야기를 한다. 전 국민이 만성적인 시간 부족에 시달린다. 그런데 정신없이 사는 삶이 플러스 삶일 수는 없다. 여유가 없는 삶에서 상대편을 이해하고 상대편의 애로를 진정으로 공감하기는 어렵다. 모두가 바쁘고 모두가 외로운 원더랜드로 우리가 이상한 주문에 걸려 쫓기듯이 걸어가고 있는 것이 아닌지 이 시점에서 생각해 볼 필요가 있다. 물론 그렇다고 해서 우리가 현재 하고 있는 일을 단순히 줄여야 한다든지 적당히 살면 된다는 뜻은 아니다. 열심히 노력해서 자신의 분야에서 하나씩 성취해 가는 것은 그 자체로서 삶의 보람이고 기쁨이다. 삶의 보람과 기쁨을 느끼며 일상을 꾸려 가는 사람은 결코 마이너스 인생일 수 없다. 모든 사람이 조앤 K. 롤링과 안도 타다오처럼 자신의 삶에서 위대한 업적을 낼 수 있는 것은 아니고, 또 우리가 단순히 그들의 삶의 궤적을 모방해서도 안 된다. 하지만 우리가 현실의 삶에서 내가 하는 일을 귀중하게 생각하고, 나의 일과 관련된 사람들의 입장을 돌려 생각하며, 나의 일에 최선을 다한다면 우리들 중 많은 사람이 각자의 분야에서 조앤과 안도처럼 뛰어난 성취를 못 할 것도 없다.

순수의 전조

— 윌리엄 블레이크(William Blake)

한 알의 모래에서 세상을 보고,
한 송이 들꽃에서 천국을 보기 위해,
당신의 손바닥 안에 무한을 부여잡고,
시간 속에서 영원을 붙잡아라.

고립된 섬

어디에도 참여하지 않고 누구도 찾아오지 않는 고립된 섬과 같은 존재로
거실 소파와 텔레비전만 끼고 사는 자신의 모습을
그 누가 상상이나 할 수 있었을까?
연금이나 복지수당 같은 수입이 있다 하더라도 사회적 관계가 완전히 차단되면
우리는 육체적으로뿐만 아니라 정신적으로 급격하게 무너질 수 있다.

1955~1963년 태어난 베이비 부머들의 만형 격인 1955년생이 2020년에 65세가 되었고 거의 대부분 사회 일선에서 은퇴했다. 베이비 부머들 중 가장 인구층이 두터운 58년 개띠들 역시 모두 60대에 들어섰다. 그들의 학창 시절에는 자전거가 두세 대씩 있는 집이 많지 않았을 텐데, 어느 순간 자가용이 없는 집이 드물고 때로는 두세 대씩 몰고 다니는 마이카족이 되었다. 일상이 쉬웠다고 할 수 없지만, 그들은 대부분 팽창사회의 수혜자였고 자신감이 충만한 세대였다. 아파트를 사면 아파트값이 올라 주었고, 부모 세대보다 학력 수준이 높아서 부모들을 지적인 측면에서 리드할 수 있는 세대였다. 동시에 자녀들의 교육에 대한 투자도 소홀히 하지 않아 부모로서 중요한 역할을 했다는 성취감도 함께 누렸다. 국가 전체적으로는 1986년부터 3년 연속 국제무역에서 70억~100억 달러가량 흑자를 기록했다. 1894년 갑오경장 이래 처음으로 국제무역에서 흑자를, 그것도 연속으로 기록한 것이다. 결과적으로, 근대적인 산업자본의 대규모 축적과 함께 근로자들의 임금이 눈에 띄게 올랐고 집값도 큰 폭으로 뛰었으며 개개인의 자신감도 함께 수직 상승했다.

베이비 부머 만형들이 직장 생활을 3~4년 정도 한 시점이었던 1986년에 아시안 게임이, 1988년에는 말 많던 88서울올림

픽이 개최되었다. 한국은 이제 더 이상 고립무원의 '고요한 아침의 나라'가 아니라, 개방적인 국제사회의 일원으로 분명하게 등장하게 된다. 갑자기라는 표현이 부적절할지 모르지만, 정말 어느 날 갑자기 국내 정치에서도 대변혁이 일어나서 권위주의적인 군사독재 정부가 몰락하고 민주정치 질서가 새롭게 시작되었다. 지금은 당연한 것이 당연하게 도래하였다고 흔히 이야기하지만, 그 당시의 국내 정치는 한 치 앞을 내다보기 어려울 정도로 불투명하고 혼란스러웠다. 분명한 것은 국제무역의 호조로 인한 국내 경제 팽창으로 베이비 부머들에게 괜찮은 일자리가 많이 주어졌고 임금 수준도 껑충 뛰었으며 삶에 대한 자신감도 높아졌다는 것이다. 또한 이들이 결혼 적령기가 되고 가정을 꾸림에 따라 새로운 주택 형태였던 아파트에 대한 수요가 폭발적으로 증가하게 된다. 더욱이 팽창한 국가의 재정 여력에 따라 도로와 교량 등 공공인프라에 대한 투자가 전국적으로 확대됨으로써 국내 경제는 전체적으로 선순환성 팽창을 맞이한다. 결과적으로 이 시기는 기업과 개인의 약간 무리한 투자가 큰 결실을 가져다주는 팽창사회의 전형적인 특징들을 한꺼번에 드러내게 된다.[4]

한 세대를 대략 30년으로 보면 이제는 에코echo 베이비 부머 시대다. 베이비 부머의 자녀들이 다시 부모가 되었고 또 되고 있다. 그 사이 베이비 부머들은 나름대로 열심히 살았고, 앞으로 앞으로 달려 왔다. 그런데 그러는 사이 사회는 후기 산업사회 내지 지식기반사회로 이행하면서 수확체증 경제, 일자리 없는 성장jobless growth, 저성장 경제 등의 특징을 고스란히 드러내게 된다. 지식기반경제가 저성장 경제로 바로 연결되는 것은 아니지만, 수확체증 메커니즘과 일자리 없는 성장 구조는 경제에서 양극화를 불가피하게 하고 산업사회의 팽창적 산업구조를 부분적으로 와해시키게 된다. 몇 년 전 로렌스 서머스Lawrence Summers 전 미국 재무장관의 주장처럼, 가계 부채가 쌓이고 부富의 불평등이 커지면서 소비가 감소하고 성장이 아주 더뎌지는 '뉴 노멀new normal' 시대가 온 것이다. 특정 국가의 문제나 특정 산업 정책의 오류로 인한 것이라기보다는 산업 구조나 경제 패러다임 자체가 변화한 것이다. 그 와중에 베이비 부머들은 열심히 일하고 부모 세대가 자신들에게 베풀었던 것보다 더 열정적으로 자식들을 교육시켰다. 그런데 그들이 경제 일선에서 은퇴할 무렵에 돌아보니 자식들은 자신들만큼의 안정적인 일자리를 잡기가 쉽지 않다는 불편한 현실에 눈뜨게 된다. 산업 구조의 변화로 인해 괜찮은 일자리 자체가 사실상 정체 내지 축소된 것이다.

130년 이상의 기업 역사를 갖고 있던 필름계의 최강자 코

닥이 디지털카메라로의 기술 변화를 제대로 인지하지 못해서 2012년 부도가 날 때 근로자 수는 14만 5000명에 달했다. 하지만 2016년 7월 승부사 손정의(일본명 손 마사요시)의 소프트뱅크가 반도체 설계 회사인 암ARM을 35조 원(234억 파운드)에 인수했는데 직원 수는 4,200명 정도에 불과했다. 더욱이 우리의 경우는 대학 교육의 보편화로 모두가 '버섯의 지붕'이라고 할 수 있는 대기업과 공직 일변도의 폼 나고 깔끔한 일자리 취업을 희망함에 따라 취업시장 자체가 더욱 협소해져 버렸다.[5]

어쨌든 청년 실업과 고령화 사회로의 이행 문제가 '남의 일'이 아닌 상태가 되었다. 그 와중에 이재理財에 밝고 적절한 투자를 했던 사람은 상당한 자산을 축적해서 결혼하는 자식들에게 집도 사 주고 삶의 출발선을 달리할 수 있었다. 그러나 대부분의 경우는 그저 그런 이재와 투자로 살고 있는 집 하나가 유일한 자산이다. 약간의 저금이 있는 경우도 있지만, 대부분은 자녀들 사교육비, 여타 지역에서 서울이나 대도시로의 유학비, 또는 해외 유학비 부담 등으로 저축할 형편이 되지 못했다. 경제활동에서 은퇴할 무렵 자신을 돌아보니 사실상 빈껍데기만 부여잡고 있는 모습을 발견하게 된 것이다. 자신의 월수입에 의존하고 있는 사람들이 자신과 배우자뿐만 아니라 일자리를 구하는 다 자란 자식들, 그리고 일부의 경우에는 생존해 계시는 80~90대 부모까지 있다는 사실을 지각하게 된다. 액티브 시니어나 프리미어 시니어로 분류될 만큼 이재에도 밝고 늦게까지 일자리를 가질 수 있었던 계층은 자녀들도 비교적 안정적으로 자리를 잡은 경우가 많다. 그러나 문제는 그렇지 않은 사람들 그리고 상황이 훨씬 더 심각한 계층들이 이 사회에 무시할 수 없는 비율로 존재하고 점점 더 확대되고 있다는 점이다. 경제협력개발기구OECD 자료에 따르면, 한국 노인의 절대 다수는 이미 가난하고 단기적으로 개선될 여지도 별로 보이지 않는다. 65세 이상의 빈곤율은 2018년 기준 45.7퍼센트로 OECD 회원국 중 가장 높다.[6] OECD 평균인 12.9퍼센트를 훨씬 웃돈다.[7] 한국 노인의 자살률이 1위인 것이 우연이 아니다. 그런데 공공재정 부담으로 노인 빈곤 문제를 해결하려고 시도하다간 밑 빠진 독에 물 붓기가 되기 십상이다. 실업과 비정규직이라는 덫에 빠진 청년들은 자신들에게도 기회를 달라고 요구하고 있다.[8] 2020년 3월 우리나라의 청년 실업자는 40만 2천 명, 청년 실업률은 9.9퍼센트로 IMF 외환위기 직후(11.3퍼센트) 대비 크게 개선되지 않았다.[9] 노인 복지 관련 재성의 역할을 강화하다가 잘못하면 미래 세대에게 과중한 부담을 넘겨 줄 수 있고, 그렇다고 해서 노인 빈곤 문제를 방치할 수도 없는 딜레마에 봉착해 있는 것이다.

문제를 너무 크게 잡거나 또는 특수한 부분에만 렌즈를 갖다 대는 것은 대개 문제 해결에 아무런 도움이 되지 못하거나 또는 잘못된 정보를 전달할 수 있다. '모든 게 다 문제다'라는 식의 접근은 실질적인 문제 포착에 도움이 되지 않을 뿐만 아니라 점진적인 개선 노력의 중요성을 간과할 수 있기 때문이다. 그리고 특수한 부분에만 렌즈의 초점을 맞추는 경우는 사실은 별문제가 아닌데도 '문제를 위한 문제'를 만들어 낼 수 있기 때문에 유의할 필요가 있다. 우리나라 최고의 해양 휴양지인 부산 해운대의 경우 한여름 최고 인파의 수가 하루 백만 명을 넘어선다. 저녁에 보면 해수욕객들이 버리고 간 쓰레기가 장난이 아니다. 그런데 호주 시드니의 유명한 해변인 본다이 비치Bondi Beach의 경우 최고 인파의 수가 하루 2~3만 명에 불과하다. 양 해변의 관리 상태와 해수욕객들의 시민적 품성을 해변에 흩어진 쓰레기의 양으로 평가할 수 있을까? 최고 시즌 중 해운대 해변의 경우 그날 백사장을 찾았던 백 명 중 한 명이 쓰레기 하나씩만 버리고 떠나도 저녁에 그곳에는 일만 개의 쓰레기가 나뒹굴게 된다. 따라서 우리가 어떤 것을 심각한 문제로 인식하고 그에 대한 현실적 대처 방안을 고민해 보려면, 그 문제가 우선 어느 정도 범위가 있어야 하고, 또한 보편성이 있어야 한다.[10] 고령화 사회로의 추세에서 액티브 시니어나 프리미어 시니어는 사회가 관여할 필요가 별로 없다. 그들의 수요는 영리를 목적으로 하는 민간시장이 알아서 잘 대처해 나갈 것이기 때문이다. 따라서 고령화 사회로의 이행과 청년 실업, 가계부채, 소비 감소, 저성장 등의 징후를 드러내는 '뉴 노멀' 시대에 우리가 관심을 가져야 할 것은 시대적·상황적 변화에 제대로 적응하지 못하는 고립된 하류 노인에 대한 문제다.

우선 고립된 섬과 같은 하류 노인 문제가 우리에게만 한정된 사안은 아니다. 캐나다 공공정책연구소PRI에서 2005년 발표한 보고서에 따르면, '마틴과 루이스 사례'라는 흥미로운 이야기가 있다. 이는 물론 가상의 사례다. 하지만 여기 마틴과 루이스는 앞으로 우리가 동네 카페나 지하철역 또는 인근 빵 가게에서 마주치게 될 이웃들의 모습이다. 어느 누구도 '사회적 은퇴'를 사전에 경험해 보고 은퇴하는 경우는 없다. 그럴 것이라고 예상은 했지만 한순간에 다가오고, 익숙한 생활리듬으로부터의 이탈이 영 생경한 경우가 대부분이다. 나를 중심으로 모든 관계를 엮어 가는 데 큰 무리가 없었는데, 나 아닌 다른 사람을 축으로 나를 연결해 가는 것이 한편으론 어색하고, 또 다른 한편으로는 크게 즐겁지도 않다. 일부는 '액티브 시니어' 또는 '프리미어 시니어'란 말에 혹해서 해외 패키지여행을 몇 차례 신청해 보았지만, 한창때와는 느낌이 너무 다르더라고 하소연하는 경우가 많다. 막연히 생각했던 것과 실제는 달라도 너무 다르더라는 것이다. 냉장고에서 시원한 맥주 한 캔 꺼내 거실 소파에서 (아내 잔소리 들어 가며) 흘러간 드라마 시청하는 것보다 그다지 즐겁지 않더라는 것이다.

두 명의 이웃, 마틴Martin과 루이스Lewis는 모두 공장 노동자로서 삶을 꾸려 가고 있었다. 그런데 그들은 조기 퇴직을 강요받게 된다. 마틴과 루이스는 결코 여러 커뮤니티 활동에 참여하지 않았었다. 그리고 그들의 이전 사회생활의 대부분은 그들 주변의 업무 관련 활동을 되풀이하는 것이었다. 그러나 이들 업무 관련 활동들은 대부분 퇴직과 함께 끊어졌다. 퇴직 후, 두 사람은 빈약한 식단과 운동 부족 등으로 심각하지는 않았지만 심장마비 증세 등 건강 문제를 경험하게 되었다. 마틴은 이혼했고, 그의 성장한 아이들은 다른 도시에 살고 있었다. 그는 커뮤니티 활동에 참여한다는 사실이 썩 내키지 않았다. 왜냐하면 그는 이전에 그런 활동에 참여하지 않았었고 그리고 간단한 이야기를 나눈다고 해서 생활이 아주 나아질 것이라고 생각지도 않았기 때문이다. 그 결과, 마틴은 사회적으로 외톨이가 되었다. 그는 건강에 관한 조언을 의탁할 수 있거나 식단을 개선하고 운동을 하라고 격려하는 가까운 친구나 가족도 없었다. 마틴의 건강은 계속 나빠지기 시작했다.

> 이와 대조적으로, 루이스는 변함없이 결혼 상태에 있고, 그의 아이들이나 손자들도 근처에 살고 있었다. 조기 퇴직 후, 그의 아내는 그가 커뮤니티 활동 그룹에 참가하도록 부추겼다. 이것은 다른 커뮤니티 활동에의 참여로 이어졌다. 그의 아내와 아이들은 그가 병원 진료를 받는지 확인하였고, 식단을 개선하거나 운동을 하도록 등을 떠밀었다. 커뮤니티 활동에 대한 참여는 그의 사회적 네트워크를 확장시켰고, 루이스에게 엄청난 임파워먼트empowerment 의식을 불어넣어 주었다. 심장마비 초기 증세를 경험한 후, 루이스는 이제 훨씬 건강한 모습을 보이고 있다.

은퇴 충격은 여성에 비해 남성들에게 더 크게 다가온다. 동서양을 막론하고, 여성들은 낯선 사람들과의 접촉과 대화에 훨씬 적극적이다. 횡단보도에서 잠시 신호 대기 중인 그 짧은 시간에도 옆 사람의 머리핀이 예쁘면 예쁘다고 얘기를 하고 심지어 길 건너기 전에 어디서 샀는지 묻기도 한다. 하지만 옆 사람의 데님 반바지가 멋지다고 이야기하고 어디서 얼마에 샀는지를 물어볼 수 있는 남성들은 100명 중 몇 명이나 될까? 특히, 60대 이후 남성의 행태는 더 말할 것도 없다. 건강한 생활습관 유지 및 관리에는 가족이나 주변 사람들과의 감성적인 교류가 중요한데, 마틴의 경우는 그 고리가 끊겨 있다. 아내가 없기 때문에 부부 동반 티타임이나 저녁 모임 참여가 사실상 원천 차단되어 있다. 멀리 떨어져 있는 자식들과도 일상적 접촉이 없었으므로 딱히 대화거리 자체가 별로 없다. SNS상의 안부인사 정도로는 정서적인 교감이 가능하지 않고, 가슴을 누르는 사회적 단절의 스트레스를 어쩔 수가 없다. 은퇴 후 홀로 사는 남성들의 경우는 대개 자녀들과의 유대 단절은 물론이고 커뮤니티와의 연결고리도 시원치 않다. 종교단체 등에 소속되어 공동체 활동에 참여하는 경우는 좀 낫지만, 하버드대학교 '성인발달 연구The Study of Adult Development'에서 언급되었듯이 그것도 대략 47세 전에 형성되어 이어져 온 것이 아니라면 홀로 사는 노인 남성의 경우는 특히 그와 같은 참여가 쉽지 않다. 사실 루이스가 은퇴 후 커뮤니티 자원봉사에 참여해서 자신의 사회적 역할 인지를 통한 자기 통제력을 회복하게 되는 것도 아내와 자녀들의 격려와 관심이 중요하게 작용한 것이다.

어디에도 참여하지 않고 누구도 찾아오지 않는 고립된 섬과 같은 존재로 거실 소파와 텔레비전만 끼고 사는 자신의 모습을 그 누가 상상이나 할 수 있었을까? 연금이나 복지수당 같은 수입이 있다 하더라도 사회적 관계가 완전히 차단되면 우리는 육체적으로뿐만 아니라 정신적으로 급격하게 무너질 수 있다. 더욱이 주요 선진국들이 저성장 경제와 급증하는 국가 부채의 덫에 빠지면서 연금 제도와 사회복지 제도 개혁을 위해 몸살을 앓고 있다. 해당 제도의 개혁 과정에서 세대 간 갈등이 불거지고 있고, 국가 파산과 개인 파산의 그림자가 어른거리고 있다. 경기 부양을 위해 이자율 인하 및 적자 재정 편성을 남용함으로써 가계 부채 및 정부 부채 규모가 감당할 수 없는 상태로 커짐에 따라 기존의 서구 경제 정책 및 복지 정책의 뿌리가 흔들리고 있다. 그렇다고 해서 개인이 국가의 재정 정책이나 국가 부채 규모를 염려해서 밤잠을 설치는 것은 결코 현명한 태도가 아니다. 우리가 무슨 미국 연방준비제도이사회FRB 의장이나 한국은행 총재도 아니고, 그네들이 전문지식과 경험을 활용해서 제대로 된 선택을 할 것으로 기대하면 그만이다. 의도적으로 국가의 살림살이를 결딴내고자 하는 미치광이도 흔치 않을 것이고, 큰 배는 가라앉는다 하더라도 긴 시간이 걸릴 것이다. 게다가 이 배는 특수해서 상당 부분 가라앉고 일정 비율의 희생자들이 벌거벗고 물속에서 허우적거리면 배의 크기가 작아지면서 어쨌건 대부분의 승객들을 반대편 뭍에 내려놓을 것이다. 가급적이면 우리 각자가 그때 물속에서 벌기벗고 허우적거리거나 빠져 죽지 않도록 조심하고, 반대편 뭍에 도착하면 다시 새 땅을 일굴 수 있도록 최소한의 준비를 소홀히 하지 않으면 되는 것이다. 그런데 문제는 그 최소한의 준비가 간단하지 않다는 것이다. 마틴과 루이스의 사례에서 보듯이 개인적 측면이든 사회적 측면이든 관계를 제대로 설정하는 것이 말처럼 쉬운 일이 아니다. 관계 설정을 잘하면 생존 가능성을 높이는 것은 말할 것도 없고 웰빙의 기회 자체가 확대될 것임을 모르지 않는데도 불구하고 그렇다.

성실사회, 준비사회로 알려져 있는 일본에서 '준비되지 않은 노년 세대'의 애환을 다룬 후지타 다카노리藤田孝典의 『2020 하류노인이 온다』란 책이 몇 년 전 일본에서 베스트셀러가 된 적이 있다. 후지타 다카노리가 자신이 직접 접하고 경험한 '준비되지 않은 노년 세대'의 삶의 질곡들을 '하류 노인'이란 주제로 정리한 것이다. 지난 20~30년간 장기 불황에 빠져 허우적대고 있는 일본의 노년 세대의 실상과 책의 핵심 메시지가 묘하게 맞아떨어져 사회적 공감을 불러일으켰다. 유럽 일부 나라의 경우 '상류 노인' 문제가 언급되고 있는 상황에서, 갑자기 나락으로 떨어진 일본 노인들이 예상 외로 위기 대처 능력이 별로 없다는 것이 드러난 것이다. 후지타 다카노리는 일본인의 시각에서 일본 사회의 장기 경제 침체와 복지 시스템의 취약성 등 하류 노인 문제를 집중 조명했다. 그런데 복지 시스템 측면에서는 한국 사회의 하류 노인 문제가 훨씬 더 심각하다. 일본은 어쨌든 세계 2~3위의 경제 대국이고, 따라서 복지 보장 체계(국민연금, 기업연금, 개인연금)와 생활 보호 제도가 우리와는 비교되지 않을 정도로 탄탄하다. 하지만 우리 사회에서 국민연금이나 개인 연금의 중요성이 부각된 것은 최근의 일이고, 노인 복지 관련 생활 보호 제도들이 주목받게 된 것도 최근의 일이다. 실제로 노인들은 관련 공적·준공적 제도들로 어떤 것들이 있는지조차 모르는 경우가 허다하다. 더욱이, 우리 사회는 가계별 소득 편차나 재산 편차도 큰 편이다.

가족 간의 유대가 어느 나라보다 강한 사회, 그래도 어려운 처지에 빠졌을 때 믿을 것은 가족밖에 없다는 사회가 한국 사회였다. 그래서 서로 간의 '기대의 불일치'가 크고 부작용 또한 만만치 않다. '말뿐인 위로'나 우리를 속이는 현실 속에서 유독 '현실적인 대책' 수립이 불분명하고 미흡한 것이 우리 사회다. 어처구니없는 현실적 결과 앞에서 유독 속으로만 끙끙 앓는 것이 우리의 또 다른 모습인 것이다.[11] 너무 당연한 이야기지만 노년의 경우 A. 매슬로우의 '생리적 욕구' 충족이 매우 중요하다. 적어도 밥걱정이나 생활 안전에 대한 염려는 없어야 한다. 돈 문제로 자녀와 다투거나 밥 굶을 걱정을 하게 되면 그 삶은 비참하다. 그런데 돈 문제와 상당 부분 얽혀 있는 경우도 있지만 반드시 그렇지도 않으면서 노년의 삶을 나락으로 떨어뜨리는 것이 있는데, 바로 가정 내 폭력 형태의 노인 학대다. 우리 사회의 유별난 가족 집착과 자식에 대한 헌신의 기이한 역작용으로 보인다. 한국만의 문제는 아니겠지만, 한국에서 두드러지는 한국형 하류 노인의 어두운 현실이 병적으로 부모를 폭행하는 패륜 자식의 문제다.

김유진 교수가 몇 년 전 발표한 「가정 내 반복적인 학대발생과 외부 개입을 체험한 피학대 노인의 경험에 관한 질적 연구」 자료에 따르면, 노년의 삶의 질곡이 얼마나 짙고 깊은지 알 수 있다. 병적으로 자신을 폭행하는 30대 패륜 아들과 어쩔 수 없이 한집에서 같이 살아야 하는 60대 어머니는 내면의 불안과 절망에 대해 다음과 같이 말한다. "내가 도망 나가 부러. 아들 밥 먹을 거 해 놓고. 그래야 내 마음이 편해지고 그라제. 같이 있으면 그냥 하도 불안해 죽겄고 그럽디다. 아침에 밖에 나와 괜히 왔다 갔다 하다 아들 잘 때쯤 들어가…." 자신을 폭행하는 40대 아들의 병적 행동에도 스스로를 애써 위안하는 70대 후반 여성은 자신의 마음속 상처를 이렇게 표현한다. "살아야지. 나쁜 맘 들 때도 있지만…. 내가 왜 이렇게 됐나 이해하려고 생각도 해 봐." 우리는 가정 내 문제점을 밖으로 노출하는 것을 극히 꺼린다. 오죽하면 '집 안에서 효자 효부 난다'는 말이 생활의 지혜로 전승되어 오겠는가. 가족들의 부끄러운 이야기를 외부로 드러내지 않고 안으로 감추다 보니, 가족 내 학대 문제가 병적으로 되풀이되더라도 경찰 등 공권력의 개입이 거의 이루어지지 못하고 있다. 노인들이 패륜 자식들의 학대를 정신병적 차원에서 받아들이지 않고 있고, 사회도 학대받는 노인들의 어려움을 제도적으로 확실하게 보장해 주지 못하는 악순환에 빠져 있다.[12] 따라서 가정 내 노인 학대 문제는 앞으로 더욱 확대·심화될 가능성이 있다.

'고립된 섬' 관련 연구 결과들을 깊게 들여다보지 않더라도, 발등에 불이 떨어졌고 떨어질 것임을 사실 거의 전 세대가 인지하고 있다고 생각된다. 그럼에도 불구하고, 우리 삶의 플랜 자체가 무리하거나 또는 장기적인 대책 마련을 엉뚱한 방향으로 해 왔던 것은 아닌지 돌아볼 필요가 있다. 불가피한 경우에는 내려놓기 어려운 것이라도 내려놓아야 하는데 그렇게 하지 못하고 있는 것은 아닌지, 어떤 것은 지금부터라도 쌓아 가야 하는데 아직 시작하지 않고 있는 것은 아닌지, 또는 나와 가족이 할 일과 사회와 국가가 할 일을 구분하지 못하고 있는 것은 아닌지 등을 고민해 볼 필요가 있다.

표류사회

삶의 긴 여정에서 경제적 기준과 도덕적 기준의 균형 잡힌 성취를
안내해 주는 매뉴얼이나 단계별 프로그램은 대개 존재하지 않을 것이다.
하지만 그 균형점을 향한 일상적 노력과 성찰의 과정에서,
우리는 현실적인 안정감과 궁극적인 만족감을
동시에 얻게 될 가능성이 있다.

몇 년 전, 대학 간 국제교류 업무로 중국 여러 대학을 방문한 적이 있다. 그중 쓰촨성四川省 청두成都 방문 길, 그곳 사람들의 안내로 두보杜甫의 완화초당浣花草堂을 찾게 되었다. 그 초당은 전란과 기근을 피해 청두에 정착한 두보가 처자와 함께 비교적 평화로운 시기를 보냈던 곳이다. 또 한국과 중국의 미남미녀 배우인 정우성과 고원원이 열연한 로맨스 영화 〈호우시절好雨時節〉에서 과거 연인들이 우연히 재회하는 장소이기도 하다. '호우시절'은 '때맞춰 내리는 좋은 비'라는 뜻이지만, 영화에서는 두보의 '봄밤의 기쁜 비' 시구절에서 따왔다고 한다. 영화를 인상 깊게 봤던 터라 안 그래도 청두 방문길에 그곳을 찾고 싶었는데, 중국 측 관계자의 안내 일정표에 이미 완화초당이 포함되어 있어 내심 행운권에 당첨된 것 같은 묘한 기분을 느꼈다. 그런데 기대가 너무 컸던지 완화초당과 그 주변의 경관은 다소 실망스러웠다. 현실주의 시인이었던 두보를 안온하게 품어 머물게 했을 어떤 실마리라도 느낄 수 있지 않을까 하는 나의 소년 같은 기대에 비해, 천 년이 넘는 세월의 무게는 컸고, 초당은 대도시 내 여느 인공 유적지와 별반 다르지 않았다. 초가와 작은 연못 그리고 대숲을 인공적으로 배치한 그곳 작은 마당에는 지역의 어린 학생들이 야외 수업차 나왔는지 한 곳에 모여 젊은 여선생님의 설명을 듣고 있었고, 밝은 표정의 관광객들은 별관 쪽에 있는 두보의 흉상이나 전신상 옆에서 사진 찍기에 바빴다. 장소에서 과거의 흔적을 떠올리기는 어려웠지만 초당 옆 별관에서 안내 책자나 족자 등으로 과거를 그려볼 수는 있어 그렇게 의미 없는 일정은 아니었다. 지금은 위대한 시성詩聖으로 추앙되지만, 전란과 기근 속의 한 개인의 삶은 오래전 그때나 지금이나 무척 고달팠을 것이다. 가족들의 먹을거리와 잠자리를 걱정해야 하는 시기에 인간의 여타 욕구들은 모두 사치일 수밖에 없다. 사회적 존재로서의 인간이 생존 그 자체에 몰두할 수밖에 없는 상태가 바로 표류사회의 전제가 된다. 표류漂流는 원래 목적이나 방향을 잃고 제자리를 찾지 못해 정처 없이 돌아다니는 것이다. 어디로 가야 안정적인 삶을 보장받을 수 있을지 알지 못해 정처 없이 헤매고 있는 사람들이 쉽게 눈에 띄는 사회가 바로 표류사회다.

일본의 경우 고미술이나 고서적에서 '부세浮世 문화'의 흔적을 어렵지 않게 찾을 수 있다. 특히 오닌應仁의 난 이후 15세기 후반에서 16세기 후반까지 100여 년간 지속된 전국시대의 경우, 걸출한 인물인 오다 노부나가織田信長, 도요토미 히데요시豊臣秀吉, 도쿠가와 이에야스德川家康 등이 등장하여 난세가 평정되고 막부정치로 안정화될 때까지 일반 백성들의 삶은 뿌리를 내리기 어려운 삶, 즉 표류 상태였을 것이다. 예술이란 것이 원래 삶의 이면을 투영한 것이고, 파울 클레Paul Klee의 말처럼 우리가 일상에서 간과하기 쉬운 것을 클로즈업해서 보여 주는 것이다. 일본 예술가들이 직접 겪고 느낀 전국시대의 핵심 메시지 중의 하나는 '부세', 즉 뿌리를 내리지 못하고 흘러 다니는 일반 백성들의 표류하는 삶이었을 것이다. 땅에 씨앗을 뿌리고, 가축을 키우고, 이웃과 정담을 나누며, 자녀를 교육시키는 소박한 행복조차도 쉽게 보장되지 않는 전란의 시대에 백성들의 삶은 바람 부는 벌판에 나 있는 풀과 다르지 않다.[13] 다만 김수영의 시구처럼 "바람보다 먼저 눕지만 바람보다 먼저 일어나는" 질긴 생명력을 통해, 혼돈과 표류의 시기 속에서도 어느 나라든 그 백성들은 나름의 일상을 엮어 갔을 것이다.

20세기 미국 사회를 단 하나의 사건으로 둘로 나눈다면 아마 그것은 1929년의 대공황Great Depression일 것이다. 1929년 10월 24일 뉴욕 월스트리트의 주가 폭락을 발단으로 시작된 미국의 경제 침체는 1933년 말까지 거의 모든 자본주의 국가들에 파급되고 그 여파는 제2차 세계대전 무렵까지 이어진다. 만성적인 과잉 생산, 물가 폭락, 생산 축소, 경제활동 마비, 기업 도산과 실업자 양산 등으로 이어지는 공업공황에서 농산물 가격의 폭락과 농축산물 파기 형태의 농업공황까지 이어져 미국의 경우 근로자 약 30퍼센트 실업, 공업생산고 약 44퍼센트 하락 등의 대혼돈이 발생한다. 이 사태는 '보이지 않는 손'에 의한 자본주의 경제 시스템의 자동 복원력 자체에 의구심을 가지게 만드는 결정적인 사건이 되고, 유럽에서는 파시즘fascism과 코뮤니즘communism이 확대되는 주요 계기가 된다. 산업화된 현대사회에서 어떤 이유에서건 대규모 집단이 갑자기 일자리를 상실하게 되면 그곳이 도시든 농촌이든 상당 기간 대규모 잉여인간이 배출될 수밖에 없다. 사실상 생산 수단으로부터 배제된 대규모 잉여인간들이 개인이나 집단의 형태로 느끼게 되는 절박한 공포는 전란 중 일반 백성들의 공포와 별반 다르지 않거나 어쩌면 더 음울할 수 있다. 대공황의 참혹한 현실 속에서 배제된 인간이 느낄 수밖에 없는 공포를 잘 표현한 작품으로 존 스타인벡John Steinbeck의 『분노의 포도*The Grapes of Wrath*』가 흔히 언급된다. 퓰리처상과 노벨 문학상에 빛나는 작가인 존 스타인벡은 참혹한 현실 속에서도 약속의 땅을 향해 나아가는 인간의 집념과 고통 그리고 절망 속에서 발견하는 희망의 새싹을 함께 이야기한다. 소설에 대한 대중의 엄청난 반향 등으로 보수적인 미국 사회에서 영화화되기 힘든 소재인 극빈층의 좌절과 분노를 다룬 동명 영화가 존 포드 감독에 의해 만들어진다. 공포 속에서 표류하는 인간의 복잡하고 절박한 심정을 '눈빛' 연기로 전달하는 데 특출했던 헨리 폰다가 주연을 맡았다. 제92회 미국 아카데미 시상식에서 "(작품상) 수상작은, 기생충!"을 외치고 봉준호 감독을 포용했던 배우가 헨리 폰다의 딸인 제인 폰다다.

우리 사회는 상당히 긴 세월 동안 전란도 없었고, 현재 50~60대는 단군 이래 가계 자산이 가장 두둑한 세대라고 할 만큼 성장의 과실을 향유한 세대다. 1955~1963년생들인 베이비 붐 세대 780만 명 중 약 40퍼센트인 310만 명은 먹고사는 기본적인 생계에서 어려움을 겪고 있는 것이 사실이지만, 나머지는 부모 세대가 결코 상상도 할 수 없을 정도의 경제적 성취를 당대에 이루었다. 부모 세대에서 자전거를 가지는 것보다 더 흔하게 자가용을 가진 세대가 된 것이다. 그런데 문제는 '발전된 한국 사회에서 성공한 사람들'로 분류되어야 할 사람들조차 '내가 열심히 살았고, 계속 앞으로 나아갔는데, 나에게 정작 지금 남아 있는 것은 별로 없고 또 앞으로 어디로 어떻게 나아가야 할지 모르겠다.'는 답답한 마음을 감추지 않고 있다는 점이다. 이제까지 잘 살아온 것으로 보이는 사람들까지 어디로 어떻게 가야 할지를 모르겠다고 하면, 그 사회의 대부분의 사람들이 그 문제를 겪고 있다는 것이다. 사회의 구성원 대부분이 동일 문제 내지 유사 문제를 겪고 있다면, 그 문제는 특정 개인이나 특정 집단의 속성상의 문제로 치부할 수 없다. 그것은 사회적 문제로 진단되어야 하고 사회적 처방이 필요한 사안이다.

삶의 서정성을 소년의 시각으로 펼쳐 보인 「소나기」로 유명한 황순원은 『나무들 비탈에 서다』라는 그의 오래전 작품에서 한국전쟁이 휴전될 무렵을 배경으로 전후의 혼돈 상태에서의 젊은 세대의 방황과 좌절 그리고 사랑을 섬세한 터치로 다룬 적이 있다. 불안정한 사회에서 표류하고 있는 젊은 세대의 내면적 순수성과 혼탁한 외부 세계가 충돌했을 때 빚어지는 비극적 좌절과 방황을 작가의 통찰력으로 비추고 그 과정에서 시대의 좌표를 여성의 강인한 모성을 통해 보여 준다. 한편으로 현실에 제대로 적응하지 못하고 표류하는 젊은이들이었지만, 또 다른 한편에서는 젊은 여성의 미래 지향적 강인함의 형태로 미래의 가능성을 보여 준 작가의 예지력은 지난 60년간 우리 사회에 오롯이 구현되었다. 1960년대 이후의 한국은 세계 어느 나라보다 짧은 시간에 성공적인 산업화를 이룩해 냈고 정치적인 민주화까지 단숨에 실현했다. 1894년 갑오경장을 통해 근대 강국으로 나아가고자 했던 선각자들의 막연했던 꿈이 육십갑자六十甲子가 두 번 돌아온 2014년 무렵에 실제 현실이 된 것이다. 한 나라의 국모가 궁궐 안에서 외국인 자객에게 칼로 난자되고 국권을 상실할 수밖에 없을 정도로 취약했던 나라가, 이제 당당하게 30-50 클럽(1인당 국민소득 3만 달러 이상, 인구 5000만 명 이상의 조건을 달성한 국가)에 세계에서 일곱 번째로 진입했다. 그런데 왜 우리는 지금 역설적으로 다시 불안, 궁핍, 고독, 음울 등 표류사회의 징후를 드러내고 있는 것일까?

현대 한국의 표류성은 전란이나 공황 등에 따른 표류 현상과 큰 차이가 있다. 과거 전란이나 경제적 공황 등에 따른 표류 현상은 기본적으로 외적 요인에 의한 표류였다. 그런데 현대 한국의 표류성은 외적 요인과 내적 요인의 결합에 의한 표류 내지 기본적으로 내적 요인이 지배적인 새로운 형태의 표류다. 외적 요인이 지배적인 형태의 표류 현상은 그 외적 요인만 해소되면 표류 현상도 대개 저절로 해소된다. 전란 상태에서 백성들이 온몸으로 겪게 되는 표류 현상은 전란이 끝나고 사회가 안정되면 그 상흔이 상당 기간 지속되겠지만 표류의 문제 자체가 문제로 떠오르지 않게 된다. 경제 대공황 같은 경우에도 물가가 상승하고, 생산이 확대되고, 고용이 증가하고, 소비가 확대되는 등 경제가 선순환하면서 다시 활력을 찾게 되면 표류사회의 문제는 저절로 해결된다. 그런데 표류 현상의 원인이 외적 요인과 내적 요인의 결합 내지 내적 요인이 지배적인 경우라면 문제의 증상도 다르고 해결과정도 전혀 다를 수 있다. 표류의 외적 요인을 해결하는 동시에 내적 요인도 함께 해결해 나가지 않으면 우리 사회의 표류성 문제가 해결되지 않는 것이다. 만약에 글로벌 경제와 지식기반사회로의 흐름 속에서 고용 불안과 실버 파산이 표류성의 원인이라면 어떨까? 만약에 표류 현상 자체가 풍요 속의 빈곤 현상처럼 상대적 박탈감이 원인이라면 어떨까? 만약에 후기 산업사회의 분절적 생산 과정에서 비롯되는, 직업 퇴출 자체를 사회적 사망 선고로 받아들이는 공포감이 원인이라면 어떨까? 만약에 사회적 관계 단절로부터 연유하는 '점點의 사회' 형태의 상호 불신이 원인이라면 어떨까?

현재 우리 사회는 고용 불안, 실버 파산, 상대적 박탈, 성과피로, 신뢰 적자 등의 어두운 그림자로 크게 흔들리고 있다. 헌신적인 부모와 탄탄한 가족 관계를 핵으로 움직이던 사회가 중년 직장인의 고용 불안과 청년 실업의 공포 등으로 음울하고 파괴적인 에너지가 방출되고 있다. 실버 파산의 그림자는 당사자는 물론이고 기존 가족관계의 작동 메커니즘 자체를 뒤흔들고 있다. 효孝를 기저에 둔 신사협정 자체가 흔들리자 머리는 각자도생으로, 가슴은 구멍 뚫린 신뢰로 가득 차서 새로운 사회적 갈등의 원천이 되고 있다. 가족 관계를 포함한 여타 사회적 관계에서 신뢰자본을 쌓아 가는 신뢰흑자가 아니라 신뢰자본을 갉아먹어 가는 신뢰적자의 흐름을 우리 각자가 한편에서는 주연으로 또 다른 한편에서는 조연으로 보여 주고 있다. 모두가 원하지 않고 생각하기도 싫은 어떤 새로운 형태의 불안정한 사회, 즉 21세기형 표류사회가 성큼성큼 다가오고 있는 것이다.

우리 사회의 모두가 경제적 불안정을 겪고 있는 것은 아니지만, 사회 구성원 중 상당수가 본인이나 가족의 고용 안정성 저하, 고령사회로의 이행에 따른 노후 파산의 어두운 그림자 또는 가계 부채 등의 문제에 직면해 있다. '나그네는 둥지를 틀지 않는다'는 속담처럼 고용 불안의 충격으로 일터에서의 불안정성이 심상찮다. 자립 능력을 상실한 노인들이 외면하고 싶은 현실 모습에서 '오래 살고 싶지 않다'는 자조를 내뱉는 것은 그냥 흘려듣기 힘든 비명에 가깝다. 누구도 예외로 단정 짓기 어려운 노후 파산 문제는 홀로 짊어지기엔 너무 무거운 짐이다. 도시에 방치된 노년의 모습에서 '비둘기가 내 유일한 친구'라는 독백은 허튼소리가 아닌 것이다. 더욱이, 사회적 관계의 취약성 내지 소통 없는 사회가 서로 주거니 받거니 하면서 점의 사회로의 이행을 가속화시키고 있다. 점點이 선線, 그리고 장場으로 발전해 가지 못하고 오히려 뒷걸음질해 우리 스스로 보이지 않는 감옥들만 만들어 가고 있는 꼴이다.[14] 물질적 가치 추구 일변도의 흐름과 성과사회에서의 역설적 자유의 모습은 우리 모두에게 극단적인 허무와 믿고 싶지 않은 미래의 불안한 모습을 드리우고 있다.

경제사가들의 연구 결과에 따르면 사람들이 좀 넉넉하게 먹고 축적하고 생활반경을 확장해 간 기간은 그리 길지 않다. 저명한 경제사가인 로버트 하일브로너Robert Heilbroner에 의하면, 유럽의 경우 중세 수백 년간 요즘 기준으로 하면 일인당 국민소득이 거의 정체 상태였다. 한 해에 일인당 국민소득이 0.1퍼센트도 제대로 상승하지 않았던 것이다. 르네상스 기간이 지나고 산업혁명 초창기에도 근로 계층의 경우 어린아이를 포함해서 온 가족이 한 주에 7일, 한 해에 365일을 일해야 겨우 입에 풀칠할 정도였다는 것은, 18세기까지만 하더라도 보통 사람들의 입장에서 생산성 증대 효과가 그렇게 두드러지지 않았다는 뜻이다. 피터 드러커Peter Drucker가 지식기반산업 논의에서 적절히 지적하였듯이, 서구 사회의 경우 19세기 전반과 중반 무렵 두 가지 중요한 기술 혁신을 통해 생산성의 비약적인 증대가 나타나고, 한편으로 식민 지배를 위한 역량 확충이 그리고 다른 한편으로 식민지 확대의 필요성이 부각되게 된다. 그럼에도 불구하고, 산업화에 앞섰던 나라들에서조차 산업화 초창기 근로 계층들의 생활 수준이 상당 기간 그렇게 높아진 것으로는 보이지 않는다.[15]

20세기 전반부에 두 번의 세계대전과 그 사이에 구름다리처럼 위태롭게 걸려 있는 대공황의 그림자 등은 그것이 경제 문제든 정치 문제든 한번 불거지면 그 여파가 개별 국가에 한정되지 않고 전 세계로 확장될 수 있다는 것을 보여 주었다. 케인

즈J. M. Keynes의 『평화의 경제적인 귀결*The Economic Consequences of the Peace*』에서 언급되었듯이, 제1차 세계대전 결과에 대한 무리한 마무리는 새롭고 폭발력이 더 큰 갈등을 내재하게 되고, 보다 규모가 큰 제2차 세계대전으로 나아가게 한다. 카를 마르크스Karl Marx가 냉철하게 바라보았듯이, 자본주의 경제는 그 내재적 속성상 경기순환을 경험하게 되어 있다. 1929년에는 거품의 양이 컸고 대처 방법 역시 그렇게 매끄럽지 못해 피해가 컸다. 실제 정책 결정에 개입했고 하버드대와 프린스턴대 교수를 역임했던 존 K. 갤브레이스John K. Galbraith가 솔직하게 고백했듯이, 대공황의 여파는 깊고 커서 언제 어떻게 함으로써 확실하게 회복할 수 있을지 잘 모르는 상태에서 제2차 세계대전에 맞닥뜨리게 되고, 제2차 세계대전 후 거짓말처럼 대공황의 파고는 잠잠해지고 전후의 풍요한 시대로 넘어가게 된다. 산업국가 중에서 전쟁의 피해가 사실상 가장 경미했던 미국은 제2차 세계대전 후 세계경제질서와 정치질서에서 가장 두드러진 위치를 차지하게 된다. 특히 세계경제질서에서 미국의 위상은 매우 두드러져 세계경제를 이끌어 가는 손이자 허리가 되었다. 브레튼 우즈Bretton Woods 협정에 의해 국가 간 교역이 확대되고 그에 부응하여 산업 생산력이 비약적으로 팽창하게 된다.[16]

국가 간 교역 확대와 산업 생산력의 비약적인 팽창은 글로벌 경제 흐름과 지식기반사회로의 이행 흐름을 가속화시키게 된다. 특히, 지식과 기술을 통한 생산성 증대는 한편으로 선도 국가의 이점이 됐지만, 또 다른 한편으로는 지식과 기술을 습득할 의지와 역량이 있는 후발 공업국가에는 기회가 되었다. 즉, 어느 국가든 지식과 기술을 빠르게 습득할 수만 있다면 추격발전catch-up development이 남의 얘기가 아니게 된 것이다. 글로벌 경제의 흐름에 의해 중국, 인도네시아, 베트남 등에서도 세계적 경쟁력이 있는 제품을 생산할 수 있게 된 것이다. 많은 나라의 중산층들이 과거 귀족들이 누렸던 것보다 더 높은 생활의 질을 추구하는 사회, 거의 대부분의 사람들이 자신을 평균 이상이라고 생각하는 사회, 그리고 그에 부응하기 위해서 표면적인 효율과 성과만을 중시하는 산업 구조와 금융 구조는 인간의 욕망 구조와 맞물려 무섭도록 빠르게 돌아갔고 그 진전 과정에서 거의 모든 나라들이 불안정과 양극화를 겪게 된다. 즉, 현대사회에서의 표류성은 상당 부분 인간 본성의 내재적 요인에 기인하는 것이다. 총체적인 생산량을 늘려 감으로써 문제가 온전히 해결되는 것이 아닌 것이다. 분배의 방식이나 우리가 어떤 자세로 삶을 대하느냐가 문제 해결 과정의 한 축이 되어야 하는 것이다.

몇 년 전, 타임지는 조직화된 아동Organization Child이라는 흥미로운 기사를 다룬 적이 있다. 아이들의 삶이 세 살이 되어 유치원에 들어갈 때부터 대학에 입학하기까지의 향후 15년간의 일정표가 빡빡하게 짜여 있다는 것이다. "아이들은 춤, 유도, 수영, 승마 등 즐거워야 할 모든 활동에 노동자의 일과처럼 진지하게 임한다"는 것이다. 아이들의 생활을 과도하게 조직화함으로써 일에 대한 재미와 즐거움을 마르게 하고 더 나쁜 경우에는 우울증 발병으로까지 이어진다는 것이다.[17] '타이거 맘'이나 '헬리콥터 맘'의 원조는 사실 우리 사회다. 만 3세부터 레벨 테스트를 하는 대치동 영재 교육 전문 학원, 원어민 회화 과외는 기본이라는 영어 유치원 입학 테스트, 또 다른 편에서는 양육·교육 등에서 자립심을 키워 주지 못한다는 한국 교육 현실에 대한 경고음을 내는 붉은 신호등 등, 우리 사회 부모들의 아이들에 대한 관심과 걱정이 그 어느 때보다 높다. 그 여백 없는 현실의 궤도 속에서 우리는 각자 자신이 변화에 적응력이 떨어지고 객관적인 시선이 부족한 것이 아닌가 한편으로 우려하면서, 동시에 펄밭 같은 그 일상의 흐름 속으로 한 발 한 발 스스로 걸이 들어가게 된다. 정작 자기 자신이 어디에 서 있는지, 제대로 가고 있는지도 잘 모르면서 무리 속의 일원이 되어 길을 가고 있는 것이다. 그런데 다른 선택지도 잘 보이지 않는다. 극작가 아서 밀러Arthur Miller의 출세작이자 1949년 퓰리처상 수상작인 『세일즈맨의 죽음*Death of a Salesman*』은 우리 사회의 이런 현실과 묘하게 중첩된다. 세상이 바뀌어도 여러 번 바뀌었는데 극의 중요한 장면들이 그대로 겹친다.

무대는 1940년대 후반, 윌리 로만Willy Loman의 집 안이다. 불과 스물네 시간에 걸쳐 왕년에 잘나갔던 세일즈맨 윌리의 비극적 선택 과정을 하나의 앵글로 비춰 낸다. 한 인간의 삐뚤어진 삶, 한 가정의 슬픈 고민, 한 사회의 꽉 막힌 비극을 오롯이 담아 낸 수작이『세일즈맨의 죽음』이다. 여느 부모처럼 윌리도 두 아들, 비프Biff와 해피Happy에 대한 기대와 사랑이 엄청나다. 특히 기대가 큰 첫째 아들 비프는 윌리의 꿈이자 불편한 현실이다. 수학에 낙제하여 졸업을 못 할 처지에 놓인 비프가 아버지를 만나 문제를 해결하기 위하여 멀리 보스턴까지 찾아가게 되고, 그 과정에서 윌리의 외도를 우연히 목격하게 된다. 비프는 자신이 진학하려던 대학의 이름이 새겨진 운동화를 태우며, 아버지에 대한 존경은 고사하고 치열한 생존경쟁의 늪을 헤쳐 온 윌리의 안타까운 헌신조차 무시한다. 이런 상황에서도 가정을 지키고 싶었던 아내 린다Linda는 비프 앞에서 윌리의 편을 들다가도 비프 입장에 동조하는 등 안절부절못한다. 사실 비프는 윌리의 기대와는 달리 '거물' 사업가는커녕 성실한 세일즈맨조차 되기 어려운 그렇고 그런 아들이다. 그런데 윌리는 비프의 실제 모습을 제대로 직시하지 못하고 직시하고 싶어 하지도 않는다. 심지어 아들의 도벽과 시험 부정행위, 무면허 운전 등의 일탈행위조차도 그 나름의 '기백'과 '개성'의 발현이 아닐까 생각하고 또 믿고 싶어 한다. 그는 아이들이 무엇을 하고 싶어 하는지 어떤 소질이 있는지를 살펴보지 않고, 세일즈맨으로서 가졌던 자신의 막연한 시대착오적인 꿈을 아이들에게 그저 투영시킨다. 아이들의 관심과 역량을 제대로 살펴보지 않고, 오직 경제적인 성공이 그들의 행복한 삶을 결정지을 수 있을 것이라는 허황된 꿈에 계속 매달린다. 윌리는 자신의 또 다른 모습인 비프에게, "그러면 나가 죽어라! 아비에게 반항하는 놈아!"라고 하면서도, 보험금이라는 비뚤어진 희망을 사랑하는 가족에게 남겨 주기 위해 자동차의 액셀을 밟는다.

이 작품은 우리 사회의 50~60대 장년 세대 거의 모두에게 섬뜩한 질문을 던진다. 우선, 우리는 윌리와 다른 삶을 살아 왔는가? 한두 명밖에 안 되는 아이들이 공부 말고 뭘 원하고 무엇에 소질이 있는지를 객관적으로 살펴보기 위해 얼마나 시간을 할애했는지 누가 자신 있게 답할 수 있겠는가. 아이들이 공부를 잘하고 명문 대학에 들어가면 가족의 일원으로 자랑스러워했지만, 그렇지 못할 경우 '나가 죽어야 할 필요 없는 인간'으로 치부하는 조건부 사랑을 해 왔던 것은 아닌지 자문해야 한다. 아이들과의 관계를 이어 주는 다리의 철제 기둥이 '불신의 산酸'에 의해 부식되고 있는데, 직장 생활에서 겪었던 좌절과 수모 그리고 패배감을 자기 비하와 지나친 후회로 표출하며 그 보상을 자녀들에게 기대했던 것은 아닌가 하는 것이다. 역경에 직면해서 모두가 윌리 로만처럼 극단적 선택을 하지는 않겠지만, 우리 마음속에 그 외에는 대안이 없다고 생각한 적은 없었는지 되돌아볼 필요가 있다. 2016년 통계청 자료에 의하면, 우리 사회의 연간 자살자 수가 13,092명이나 된다. 남녀 모두 40~50대 자살자 수가 가장 많은데, 남자는 50대 그리고 여자는 40대에서 자살자 수가 최대에 이르고, 전체적으로 남성이 여성에 비해 2.5배 정도 많다. 표면적인 사유는 실직, 사업실패 등에 따른 생활고가 가장 큰 원인으로 알려져 있다. 인간은 자기 자신에 대한 지각과 이상적인 자기 모습 간의 괴리로 인해 좌절을 느끼게 된다. 철학자 한병철은 우울증을 자기 자신이 되지 못한 후기 근대적 인간의 좌절에 대한 병리학적 표현으로 규정한다. 자신을 객관적으로 바라보지 못하는 자기 자신, 자신에 대한 내외적 기대에 부응하지 못하는 자기 자신에 대한 좌절, 사회의 원자화와 파편화로 인한 인간적 유대의 결핍 등이 결합해서 우울한 인간이 탄생하게 되는 것이다. 무엇을 할 수 있을지, 무엇을 해야 할지 모르겠다는 우울한 개인의 한탄은 사실 한병철의 직관처럼 아무것도 불가능하지 않다고 믿는 긍정성의 과잉인 성과사회에서 자기 자신을 착취하는 인간에게 나타나는 병적 징후의 한 형태일 수 있다. 모든 것을 할 수 있는 것이 아니라 아무것도 할 수 없는 역설적 자유의 병리적 표출인 것이다. 물질적인 성공만이 답이 아닌데, 말로만 그 사실을 외고 마음속 깊은 곳에서는 좋은 이력, 경제적 성취만이 답이라고 외치고 있어서 사회 전체가 윌리 로만처럼 '물질'이라는 단일 흐름 속에 표류하고 있었던 것은 아닌지 물어봐야 한다.

지금 우리 사회에 표류사회의 징후가 있고 상당 부분 가시화되고 있는 것은 분명하다. 하지만 우리가 그냥 그 흐름에 떠내려갈 수밖에 없는 운명이나 상태는 아니다. 우리는 그 긴 질곡의 역사 속에서 전쟁, 가뭄과 홍수, 기근, 역병 등 대개 외재적 요인에 기인한 어두운 시기를 잘 극복해 왔고, 또 앞으로도 극복해 갈 것이다. 다만, 내재적 요인이 지배적인 새로운 표류의 징후나 조짐은 결코 쉬운 상대는 아닐 것이다. 오래전, 유대 랍비 조셉 B. 솔로베이치크는『고독한 신앙인 *The Lonely Man of Faith*』이란 저서에서 인간의 본성에는 아담1과 아담2라는 두 가지 상반된 면이 동시에 존재하고 있음을 지적한 바 있다.[18] 아담1은 멋진 사회적 커리어 추구와 야망에 충실한 인간형으로, 우리가 구직 이력서에 담고 싶은 모습이다. 그는 문제에 부닥치게 되면 실사구시 방식의 실증적 해결 방안을 모색한다. 이에 반해, 아담2는 경제적 기준이 아닌 도덕적 기준에 따른 분별력과 실행력을 강조하는 인간형으로, 조문弔文에 적시될 법한 인간의 모습이다. 그는 도덕적 이상 추구를 중시하고 자신의 내면에 그 도덕성이 체화되길 소망한다. 따라서 아담2는 내적 인격 함양을 중시하지만, 아담1은 끝없는 성취 욕구에 사로잡혀 자신의 결함을 제대로 돌아보지 못하고 상대와 나와의 자타등가성self-other equivalence을 제대로 받아들이지 못한다. 그 과정에서, 아담1은 우리를 자기중심적 인간 내지 상대와 공감하지 못하는 인간으로 퇴행시키기 쉽다.

데이비드 브룩스의 지적처럼, 우리 사회는 소위 잘나가는 커리어 쌓는 방법에 골몰하도록 장려하고, 내적인 삶을 일구는 방법에 대해서는 너무 소홀하도록 했던 것이 아닌지 우려된다.[19] 치열한 경쟁 속에서 우리는 자신도 모르게 우리 일상의 결정에 배어 있는 도덕적 이해관계를 돌아볼 여유가 없거나 망각했던 것은 아닌가 하는 것이다. 소비시장은 우리를 욕망의 객체로 전락시켜 우리 각자의 내면 깊은 곳에서 울려 퍼지는 깊고 고요한 소리를 차단하고 있는지 모른다. 자기중심성의 문화 속에서 우리는 정작 더불어 살아가는 데 필수적인 절제와 공감 그리고 냉철한 자기 직시를 잊거나 외면하기 쉽다. 결과적으로, 우리 모두는 삶의 에너지를 소진하다시피 바쁘게 일하면서도 나름대로의 삶의 뿌리를 내리지 못하고 정처 없이 떠다니고 있는 것이다. 우리의 삶은 아마 아담1과 아담2라는 두 마리 말이 함께 끄는 마차일 것이다. 성직자인 솔로베이치크나 그에 따른 브룩스는 궁극적인 만족감을 위해서는 아담2라는 도덕적인 기준에 따른 삶이 답임을 거듭 강조하고 있다. 그런데 우리 인간의 삶이 불가피하게 아담1과 아담2라는 말이 함께 끄는 마차일 수밖에 없다면, 이상적인 마차는 두 마리 말의 힘과 속도가 균형을 이루는 것일 테다. 아담1이라는 말 위주의 마차가 인생이란 먼 길을 제대로 달려갈 수 없듯이, 아담2 위주의 마차도 또 다른 측면에서 불안정할 수 있기 때문이다. 즉, 삶은 경제적 기준만을 좇아서도 안 되지만, 동시에 도덕적 기준에만 매달려도 현실적 균형감을 잃을 수 있다. 삶의 긴 여정에서 경제적 기준과 도덕적 기준의 균형 잡힌 성취를 안내해 주는 매뉴얼이나 단계별 프로그램은 대개 존재하지 않을 것이다. 하지만 그 균형점을 향한 일상적 노력과 성찰의 과정에서, 우리는 현실적인 안정감과 궁극적인 만족감을 동시에 얻게 될 가능성이 있다. '생활生活 속의 도道'의 형태로, 우리 모두가 새로운 '희망'을 일상의 삶 속에서 하나씩 쌓아 갈 수 있는 것이다.

중국의 작가 루쉰은 단편 소설 「고향」에서 일상의 삶 속에서의 '희망'을 다음과 같이 규정한다.

> 나는 생각했다.
>
> 희망이란 것은 있다고도 할 수 없고, 없다고도 할 수 없다.
>
> 그것은 마치 땅 위의 길이나 마찬가지다.
>
> 원래 땅 위에는 길이란 게 없었다.
>
> 걸어가는 사람이 많아지면 그게 곧 길이 되는 것이다.

집단사고

불확실성의 시대에 완벽한 해답이 항상 존재하는 것도 아니고,
우리가 언제나 완전한 정답을 찾아야 하는 것도 아니다.
… 어쩌면 완벽한 해답을 추구하는 것보다 실패의 확률을 줄여 가는 것이
삶의 방정식에서는 더 현실적일 수 있다.

현대인들에게 해당되는 공통의 질문이 있다면 그것은 무엇일까? 이견이 있을 수 있지만, 아마 그것은 "어떻게 살아가야 하지?"라는 단일 질문으로 귀착될 수 있을 것이다. 나이가 많든 적든, 남자든 여자든, 건강하든 허약하든, 부유하든 가난하든, 피부색이 희든 검든, 어느 대륙에 터전을 잡고 살든 공통적으로 자신의 문제를 헤쳐 나가기 위해서는 궁극적으로 "어떻게 살아가야 하지?"라는 단일 질문에 봉착하게 될 것으로 보이기 때문이다. 인간은 복잡하고 정교한 고등 유기체지만 생존이란 핵심 가치에서 벗어날 수 없고, 생존하면서 다른 부가적인 가치를 동시에 지향하기 위해서는 '어떻게'라는 질문에서 벗어나기가 어렵다. 존재 자체를 선택이 아닌 주어진 것으로 이해한다면, 그다음은 존재의 방법이 최고의 핵심 과제가 된다.

인류는 대략 1만 2~3천 년 전부터 한곳에 정착해서 농경 생활을 시작했던 것으로 알려져 있다. 정착 농경 생활 이전에는 수렵 채취형의 삶을 훨씬 더 오래 영위해 왔을 것이다. 현생 인류의 조상이라는 호모 사피엔스나 그보다 연원이 더 오래된 네안데르탈인이나 데니소바인 등의 삶의 흔적을 고인류학자들이 추적해 봐도 그 연원은 대략 8~10만 년을 넘어서지 않는다. 지금 우리가 일상에서 흔히 접하는 2리터짜리 생수 1통의 4분의 3 정도 되는 뇌의 크기로 지구상의 다른 동식물을 압도하는 존재가 되기까지, 인류의 조상들은 그 나름대로 여러 산과 고개를 넘고 바다를 헤쳐 왔을 것이다. 초기 동굴 생활을 가정해 보면 그들은 동굴 한가운데 모닥불을 피우고 그 주위에 둘러앉아 음식을 나눠 먹으면서 그날 낮에 있었던 일들을 이야기하며 정보를 공유했을 것이다. 위험한 상황을 어떻게 모면했는지, 흉폭하고 날쌘 짐승을 어떻게 효과적으로 죽일 수 있었는지를 자랑을 섞어 가며 이야기했을 것이다. 아마 의사소통 규모가 줄어들어서 그렇지, 현대인들의 저녁 식탁에서 남편이나 아내가 공유하는 일상의 정보도 기본 맥락에서는 거의 비슷한 형태일 것이다. 집단의 규모가 크든 작든 집단이 정보를 공유하는 이유는 정보 공유의 장점이 그렇지 않은 경우에 비해 더 크기 때문일 것이다. 동굴 생활과 같이 집단의 규모가 수십 명인 경우에는 집단의 의견을 공유하는 것이 그렇게 단순하지 않았겠지만, 고개를 끄덕이든 우호적인 눈빛으로 바라보든 미소를 짓든 언어를 사용하든 각자의 의견을 표출함으로써 집단의견을 조율하거나 정보 공유를 이루어 나갔을 것이다.

인류는 진화 과정 중에 상상력을 키우기 위해 단기 기억력을 버렸다는 주장이 있다. 믿기 어려울 수 있지만, 침팬지가 인간보다 단기 기억력이 더 높게 나타난다는 실험 결과도 있다. 예컨대, 여럿이 사냥을 같이 하면 인간의 경우는 사냥의 성과물을 참여자들 간에 어떤 형태로든 나누는 것으로 알려져 있다. 그런데 침팬지의 경우에는 사냥의 성과물을 그냥 나누지 않는다. 침팬지는 사냥 과정에 참여하지 않았지만 우연히 옆에 있다 포획물의 뒷다리라도 낚아채 먹으면 그만이고, 사냥에 협조한 침팬지들에게 성과물이 당연히 돌아가는 것도 아니다. 그러나 인간의 경우에는 다음 사냥 과정에서도 협조를 이끌어 내기 위해, 즉 상상력이 발휘되어, 그 사냥의 성과물을 참여자들에게 적당히 나누어 준다. 사실, 인간은 장기 안전 생존율을 높이기 위해 집단 협력적 동물로 탄생했다고 해도 과언이 아니다. 물론 동물이라고 해서 모두 집단 내 개체들 간에 협력을 하지 않는다는 것은 아니다. 개미들의 경우 전체 집단의 생존을 위해 집단 구성 개체들이 긴밀하게 협력한다.

개미나 벌들의 집단 공동체는 집단 내 개체들의 개별적 지능보다 훨씬 더 뛰어난 집단지능swarm intelligence을 발현시키는 것으로 알려져 있다. 독특한 방식의 아이디어 탐색·전달·공유를 통해 집단 구성체들끼리 협력하고 이익 공유 학습을 이뤄 낸 것이다. 상상력을 키워 온 인간은 사회적 동물의 형태로 진화해 왔고, 의당 집단 성원들 간의 협력을 통해서 위대한 집단지능 내지 집단지성collective intelligence을 일궈 왔을 것으로 기대할 수 있다. 하지만 결론부터 말하면, 그럴 수도 있고 그렇지 않을 수도 있다. 여럿이 힘을 합치면 좋은 결과가 나온다는 것을 알고 있는 인간은 의당 힘을 합쳐서 위대한 집단지능 내지 집단지성을 일궈 왔을 것으로 추론할 수 있는데, 현실에서 그 과정과 결과가 그렇게 나타나지 않을 수도 있다는 것은 선뜻 이해하기 쉽지 않다. 혹자는 이런 의문과 결과를 수수께끼같이 보는 경우도 있다. 좋은 결과가 나온다는 것을 몰라서 못 하는 경우도 있겠지만, 아는 경우에도 좋은 결과를 외면한다는 것은 정말 이해하기 어렵기 때문이다. 그런데 그럴 수가 있다는 사실이 많은 학자들을 괴롭히는 주제였고 동시에 흥미로운 주제였다. 여기서는 이 문제를 '집합적 행동의 문제'로 규정하고 간단히 언급할 것이다. 여성 최초로 노벨 경제학상을 수상한 엘리너 오스트롬의 『공유의 비극을 넘어*Governing the Commons*』도 기본적으로 동일한 뿌리를 다루고 있다.

사회적 동물로서의 인간이 무리를 이루어 사는 것은 당연하다. 무리의 규모가 클수록 방어와 생존 등에 유리하기 때문에 무리, 부족, 추장사회, 국가 등의 형태로 인간 무리 집단의 규모와 성격이 바뀌어 갔을 것이다. 무리든 부족이든 국가든 복수의 인간 구성체는 집단행동과 개인행동을 할 것이다. 집단 전체의 이익이 아무리 커진다 하더라도 개인의 이득이 그것과 조화를 이루기 어려운 경우, 개인은 자신의 이득이 최대가 되는 쪽으로 움직일 수 있다. 사실 이 문제는 '집합적 행동의 딜레마' 주제에서 논의될 사안이다. 그런데 집단사고groupthink는 좀 특이한 개념이다. 어의적으로는 집단의 사고, 집단의 의사 결정 또는 집단의 의사 결정 방식쯤으로 이해될 수 있고, 집단 지능 내지 집단지성과 바로 연결될 수 있는 개념으로 받아들여질 수 있지만 전혀 그런 것이 아니다.

여기서의 집단사고는 집단에 속하게 되면 개별 구성체일 때와는 다른 사고와 행동을 할 수 있게 되고 하게 된다는 것이다. 똑같은 사람이 개인으로 있을 때와 집단에 속해 있을 때 판단과 행동이 달라진다는 것이 핵심이다. 집단사고 개념의 핵심 주창자인 어빙 L. 재니스에 따르면, 그는 조지 오웰의 『1984』에서 나오는 '이중사고doublethink'라는 말에서 집단사고의 아이디어를 따왔다고 한다. 오웰식의 '이중사고'는 현실 왜곡을 상징함으로 사람이 개인이 아니라 집단에 속하게 되면 변한다는 개념을 묘사하기에 적절한 표현일 수 있다. 군복을 입은 예비군인들, 청소년 또래 비행집단인 일진회 멤버, 특정 정당이나 정치인을 지지하는 군중들, 님비NIMBY 투쟁 중인 지역사회 주민들을 보면 집단사고가 상정하는 개인과 집단이 어떤 실체들인지 금방 감을 잡을 수 있다. 사실, 재니스는 정부의 핵심 참모 집단, 전문가 집단 등을 통해 국가적 재난이나 위기 상황 속의 집단사고 현상을 설명했지만, 우리 주변에 관련 예들이 훨씬 더 광범위하게 존재한다. 집단의 개별 구성원들을 만나 보면 전혀 그럴 것 같지 않은데, 집단의 일원이 되면 이해가 되지 않는 행동을 스스럼없이 하는 것이 집단사고의 중요한 징표다.

사실 재니스는 집단역학group dynamics 관점에서 정부 정책 결정 과정에서 대실패 사례들을 살펴봄으로써 문제의 원인이 어디에 있는지, 어떻게 하면 그와 같은 실패를 되풀이하지 않을 수 있을지 등을 사회심리학자로서 밝혀 보고자 했다. 그와 같은 실책이 구성원들의 어리석음, 행태적인 문제점에서 비롯되었다기보다 소위 '집단사고'라고 부르는 현상 내지 사고의 형태the mode of thinking에서 연유한다고 보았다. 정부와 국민에게 엄청난 재앙을 가져다준 그 실책들이 정책 결정자들의 개인적인 멍청함이나 우쭐댐, 분노, 사회적 편견 등에 기인한다기보다 집단사고의 메커니즘 때문이라는 것이다. 따라서 재니스는 그 정책 결정자들을 집단사고의 희생자들로 규정한다. 하지만 재니스의 진단은 절반은 맞고 절반은 틀린 것 같다. 동일한 상황에서 동일한 결과가 언제나 나타나는 것도 아니다. 삶의 여러 영역에서 집단사고 행태가 나타나고 있고 또 나타나기 쉬운데 그때마다 그 행동에 책임 있는 의사 결정자들이 '특정 사고 형태 내지 특정 메커니즘의 희생자'로 규정된다면 정의롭지도 않고 문제 발생의 소지를 줄여 가는 데에도 전혀 보탬이 되지 않기 때문이다. 최근 빅데이터 분석을 통해 집단 내 의사소통의 패턴에 따라 집단사고형과 집단지능형을 구분할 수 있다는 알렉스 펜틀런드의 연구 결과를 보더라도 집단사고형의 폐해가 단순히 특정 메커니즘의 결과만이 아닐 것임을 짐작할 수 있다. 특정 집단이 집단사고를 할 수도 있고 그렇지 않을 수도 있으며, 그 결과의 피해가 무시할 수 있는 정도가 아니라면, 우리는 집단사고가 발현되는 경우와 그렇지 않은 경우로 나누어서 무엇이, 왜, 어떤 순간에, 어떻게 작동하고 발현되는지를 현재와 미래의 상황 변화 측면에서 보다 세밀하게 들여다볼 필요가 있다.

여러 사람의 의견과 힘을 합하면 보다 나은 결과가 도출될 수 있다는 주장이나 사례는 셀 수 없을 만큼 많다. 모르긴 몰라도 힘을 합치는 의사결정을 통해 우리 인간은 우리의 잠재력을 극대화시켜 왔고 지구상에서 가장 강력한 실체로 부상했을 것이다. 그것은 소규모 집단이든 대규모 사회든 또는 국가든 동일하다. 그런데 힘을 합치는 의사결정과 행동을 통해 우리 모두의 삶이 나아진다고 하는 것과, 우리가 힘을 합치는 의사결정과 행동을 하는 것이 항상 일치하지는 않는다. 우선, 힘을 합치는 의사결정과 행동을 통해 모두에게 좋은 결과가 온다고 하더라도, 다른 사람들은 다 힘을 합치는 의사결정과 행동을 하도록 두고, 나만 살짝 빠지는 무임승차 행동을 하면 나에게 더 큰 이익이 온다면 어떻게 될까? 아마 상황에 따라 나는 나만 살짝 빠지는 의사결정과 행동을 할 수 있다. 두 번째로, 여러 사람의 아이디어를 합치는 의사결정과 행동이 대개 좋은 결과를 가져올 수 있겠지만, 언제나 그런 것은 아닐 수가 있다. 예컨대, 대개 좋은 결과가 나타날 수 있겠지만 특정 상황에서는 집단적 의사결정의 결과가 오히려 나쁘게 나타날 수 있다. 이런 경우, 집단적 결정과 행동이라고 해서 무조건 따를 것이 아니라 상황을 잘 살펴보고 골라서 따를 필요가 있다. 첫 번째 경우는 집합적 행동collective action의 문제이고,[20] 두 번째 경우는 여기서의 핵심 논제인 집단사고groupthink와 관련된 사안이다.

집단사고란 특정 집단이 집단 응집력, 조직 구조적 결함, 상황적 맥락 등에 의해, 다양한 의견의 표출을 억압하고 집단 역량의 과신 및 집단 폐쇄성, 획일화 압력 등에 의해 비합리적인 의사결정에 이르는 사고의 형태the mode of thinking를 가리킨다.[21] 집단사고는 공사公私 어떤 집단이든 발생할 수 있고, 개념적으로는 인간 집단뿐만 아니라 동물 집단에서도 발생할 수 있다. 예일대학 심리학자인 어빙 재니스Irving Janis는 1972년 출간된 『집단사고의 희생자들*Victims of groupthink*』이란 저서에서 어떻게 자타가 공인하는 뛰어난 인재들이 어처구니없는 결정을 내리고 엄청난 실패를 초래하는지에 대해 연구하면서 '집단사고'라는 개념을 제시했다. 그는 비합리적인 정책 결정이 한 번도 아니고 되풀이되어 나타나는 데는 필시 무언가 독특한 집단 심리적 과정이 내재해 있을 것이라고 예견하고, 심리학자로서 미국의 주요한 정책 결정 중 실패 사례와 성공 사례를 대비해서 검토했다. 실패 사례와 성공 사례별 상황적 조건과 증상이 일관성 있게 차이가 나타난다면, 왜 우리가 집단적으로 '멍청한 행동'을 되풀이하고 있는지에 대한 답을 얻을 수 있기 때문이다. 그는 실패 사례로서 쿠바 피그만The Bay of Pigs 침공 작전, 진주만 피습, 한국전쟁 교착, 베트남전 확전 등을 살펴보았고, 성공 사례로는 쿠바 미사일 위기와 마셜플랜 등을 검토했다.

1961년 4월 쿠바 피그만 침공 작전이 대실패로 끝난 직후, 존 F. 케네디 대통령은 "우리가 어떻게 그렇게 멍청했을 수 있었지?How could we have been so stupid?"라며 탄식했다고 한다. 하지만 당시 만장일치로 피그만 침공 계획에 동조한 케네디 대통령의 특별자문위원회는 당대 최고 엘리트들, 딘 러스크 국무장관, 로버트 맥나마라 국방장관, 로버트 케네디 법무장관, 아서 슐레진저 고문 등으로 구성되어 있었다. 1959년 혁명에 성공한 피델 카스트로가 소련과의 협력을 강화하자 아이젠하워-

케네디 행정부는 CIA를 통해 카스트로 정부 전복 계획을 세운 후, 반혁명 쿠바 인사들로 2506여단을 만들고 훈련시켜 1,400명의 무장군인들을 쿠바 남부 해안인 피그만으로 침투시켰다. 성공했으면 친미정권을 수립하고자 한 계획이었지만, 쿠바는 소련 KGB의 도움과 내부 첩보 활동으로 미국의 사주를 받은 반혁명 세력의 침공 계획을 미리 알고 있었고, 침투한 무장군인들이 침공 후 불과 며칠 만에 사살되거나 항복하는 등 일망타진됨에 따라 침공 작전은 완전히 실패로 끝났다. 당연히, 피델 카스트로는 미국의 침공을 막은 국민 영웅으로 부상하였고, 소련과 쿠바의 밀월 관계는 더욱 강화되었으며, 이듬해인 1962년 쿠바 미사일 위기의 계기가 되는, 미국을 세계의 웃음거리로 만든 미국의 대외정책 결정의 대실패 사건이었다.

피그만 침공 실패를 사후적으로 분석하면 예견된 실패의 전형적인 사례에 해당한다. 『손자병법』에 "적을 알고 나를 알면 위태롭지 않다"라고 했는데, 1,400명 정도의 여단 병력으로 쿠바 정규군을 제압할 수 있다고 자신하는가 하면, 이미 카스트로는 소련 KGB의 도움과 자체 정보 능력으로 미국의 침공을 예견하고 있었는데, 침공 계획이 비밀리에 착착 진행되는 줄 아는 등 상대의 능력을 너무 과소평가했다. 미국과 같은 초강대국이 작은 이웃 나라를 사실상 몰래 침공할 경우 세계 여러

나라에서 어떤 반응을 나타낼지를 간과하는 등 전쟁의 명분을 쌓는 데도 실패했다. 그 '똑똑한' 집단이 전 세계적인 비난을 자초했을 뿐만 아니라, 다른 나라들의 따가운 시선 때문에 막강한 공군력과 해군력을 전선에 투입하지 못하는 자충수를 둔 것이다.

의사결정에 참여한 위원들은 집단 회의 과정에서 리더인 대통령이 쿠바 침공을 원한다는 직간접적 메시지를 접하면서 만장일치와 집단 동조 압력을 받게 되고, 심지어 자기검열self-censorship 과정을 통해 어느 누구도 공식회의 석상에서 반대 의견을 제시하지 않았다. 하버드대 교수 출신이었던 아서 슐레진저는 침공 계획을 우려했지만 그 당시 국무장관이었던 딘 러스크에게 우려 메시지를 전달하는 정도로 그 역할이 제한되었다. 특히, 케네디 대통령의 친동생이자 법무장관이었던 로버트 케네디가 아내의 생일 파티장에서 슐레진저를 따로 불러 "대통령은 이미 마음을 정했으니, 지금은 우리가 대통령을 도와야 할 때"라는 식으로 심기경호mindguard 역할을 맡고 나섬에 따라 슐레진저가 반대 의견을 자유롭게 개진하기 어려운 상황이었다. 위원들의 우월의식과 집단 응집력은 여타 의견이나 걱정을 무시하고 억누르며 묵시적으로 만장일치의 결과를 강요하는 형태로 작용했다. 리더의 지시를 추종하고 객관적인 정보 탐색을 소홀히 하며 Plan B비상계획를 제대로 갖추어 두지 않음에 따라 사태가 처음의 계획과 달리 돌아가자 엄청난 실패로 귀결되었던 것이다.

어빙 재니스에 의하면, 한국전쟁의 교착 상태 역시 대규모 정책 실패의 전형적인 사례에 속한다. 더글라스 맥아더는 인천 상륙 작전을 성공시키고, 38선 이북으로의 북진과 중공군 개입 시 만주 폭격의 사전 승인을 트루먼 행정부에 요청했다. 해리 트루먼 대통령과 참모진들은 한국전쟁의 확전 여부를 결정해야 하는 상황에서 북진은 승인했지만 만주 폭격은 불허했다. 참모진들은 중공군의 역량과 의지를 과소평가하고 그들이 여러 사정상 쉽사리 전쟁에 개입하지 못할 것으로 판단했다. 하지만 잘 알려진 대로 미국과 가까운 한국과 국경을 바로 접하고 싶지 않았던 중국 공산당 정권은 예상과 달리 대규모 병력으로 전쟁에 적극적으로 개입했고 미군은 혹한 속 참혹한 후퇴를 경험하게 되었다. 트루먼의 참모진들은 미국의 핵무기 사용과 중국 국민당 세력의 준동을 우려해서 중공이 대규모로 전쟁에 개입하는 모험을 할 수 없을 것으로 판단했지만, 이미 중공은 영국 내각 깊숙이 침투해 있었던 소련 KGB의 정보 네트워크를 통해서 미군이 만주에 핵무기를 사용하는 일은 없을 것이라는 정보를 사전에 입수하고 있었다.

1949년에 이미 비밀리에 핵폭탄 개발에 성공한 스탈린은 중공을 부추겨서 만주에 대한 미국의 핵공격 의지가 현실화될 수 있는지에 대해서도 테스트해 보고 싶었을 것이다. 상대의 의지와 역량을 과소평가하고, 자신의 역량을 과신하며, 중공군 개입 사태에 대한 Plan B조차 사실상 가지고 있지 않았던 미군과 트루먼 정부는 엄청난 희생을 자초하게 되었던 것이다. 미국은 이미 핵폭탄 개발에 성공한 소련이 어떻게 나올지 자신이 없었기 때문에 만주 벌판에 핵 카드를 사용할 입장이 아니었고, 따라서 제3차 세계대전을 막아야 한다는 명분으로 맥아더를 퇴진시키고 최소한의 체면 유지선, 즉 또 다른 38선인 휴전선을 받아들였던 것이다. 미군 54,246명이 사망했지만, 교착 상태로 마무리된 3년간의 한국전쟁은 중공군의 군사적 역량과 정보 네트워크를 과소평가하고 소련의 의지와 야욕에 대해 지나치게 무지하며 자신들의 역량을 과신했던 미국의 자만심이 어우러져 빚어낸 참담한 결과였다.

1986년 1월 29일 미국 동부 지역 조간 신문 1면을 푸른색과 흰색의 컬러로 장식한 것은 그 전날 발생한 챌린저호 폭발 장면이었다. 그때 뉴욕에 잠시 머물고 있었던 나는 조간신문에서 본, 파란 하늘로 치솟았던 우주 왕복선 챌린저호가 Y자 형의 흰 연기 구름을 만들며 폭발하는 장면을 잊을 수가 없다. 한 가정의 어머니이자 아내이고 고교 교사였던 크리스타 맥얼리피라는 민간인 여성의 최초 우주 왕복선 탑승으로 전 국민의 관심을 모았던 우주 여정이었다. 그 전날인 1월 28일, 챌린저호는 플로리다주의 케이프커내버럴 기지에서 발사된 후 73초 만에 공중에서 폭발해 선장 프란시스 스코비를 포함하여 승무원 7명 전원이 사망했다. 사고 원인 규명을 위해 설치된 대통령조사위원회는 우측 고체연료 로켓 연결 부위에 사용된 '오링O-ring'이라는 불과 6.4mm 두께의 작은 부품이 사고 원인이었음을 밝혀냈다.[22]

사후 조사 과정에서 하나씩 그 전모가 드러났는데, 챌린저호의 로켓 추진 장치를 제작한 모톤 티오콜Morton Thiokol사와 우주선 본체를 제작한 록웰 인터내셔널Rockwell International사의 기술자들이 발사 예정일 날씨가 영하로 떨어진다는 일기예보를 접하고 NASA에 발사 연기를 건의했으나 받아들여지지 않았다. 연중 온화한 날씨를 보이는 플로리다반도 중동부에 위치한 케이프커내버럴이 유독 그날따라 기온이 영하로 떨어질 것으로 예상되자 기술자들은 로켓을 연결하는 오링이라는 고무벨트가 딱딱해져 밀폐 효과가 없어지고 연료가 새어 나와 폭발할 가능성이 있다고 건의했지만, 회사 간부들과 NASA 관리자들은 TV 생중계 예정 등 온 국민의 관심이 집중된 사안인지라 그들의 의견을 '지나친 우려' 정도로 무시하고 발사를 예정대로 강행하기로 결정했다. 기술자들을 배제한 채 회사 간부들과 NASA 관리자들로만 진행된 점검 회의에서 만장일치의 결론, 기술자들의 의견을 지나친 우려 정도로 치부하고 Plan B를 고려하지 않은 자기검열 행태는 전형적인 집단사고 형태에 해당한다.[23]

집단사고의 형태와 결과를 여실히 보여 주는 대표적인 사례로 여기서 피그만 침공, 한국전쟁 교착, 챌린저호 폭발 사고 등을 검토했다. 특정 상황하의 인간 집단은 의사결정 과정에서 오히려 집단 역량의 과신, 집단의 폐쇄성, 획일화 압력 등의 증상을 드러낼 수 있음을 알 수 있다. 사실상의 단순 추종이나 만장일치의 강요, 객관적인 정보 확보의 소홀, 지시적 리더의 존재, 대안 평가 절차의 부재 등은 인간 집단의 집단사고 행태에 해당한다.

왜 최고의 인재들이 최고의 안을 만들어 내지 못하고, 케네디 대통령의 탄식처럼 '멍청한 안'을 만들어 내는 것일까? 여러 사람들의 지혜와 경험 그리고 관련 정보를 결집하면 프랜시스 갤턴Francis Galton의 지적처럼 집단지성collective intelligence이 도출되어야 하는데, 왜 사람들은 때때로 집단사고로 귀착되고 마는 것일까?[24] 어빙 재니스 등의 연구 결과를 통해 우리는 적어도 집단사고의 상황적 조건과 증상, 그 결과를 상당 부분 알게 되었다. 하지만 그렇다고 해서, '집단사고로의 길'이 아닌 '집단지성에로의 길'이 아직 분명하게 열린 것은 아니다. 흡사, 카지노에서 블랙잭을 하는 사람들이 그 판에서 확실하게 패가망신하는 패거리들의 상황적 조건, 증상, 그 결과를 그들이 알았다고 해서 확실하게 돈을 따는 방법을 알고 있는 것은 아닌 것과 마찬가지다. 동일한 맥락에서, 어빙 재니스는 미국의 정책 사례 중, 집단 구성원들의 다양한 정보와 지혜 그리고 경험이 집단사고가 아닌 집단지성으로 발현된 사례를 분석해서 역으로 집단지성에로의 길의 핵심 요인들을 밝히고자 했다. 돈을 따는 방법을 알고 실천하면, 적어도 카지노에서 어처구니없이 돈을 잃게 될 가능성을 현저하게 줄일 수 있고, 더 나아가 돈을 딸 가능성 또한 어느 정도는 '실체적 진실'이 될 수 있기 때문이다.

마셜플랜과 쿠바 미사일 위기 대응팀들의 특징 분석을 통해, 어빙 재니스가 도출한 집단사고 예방 및 집단지성으로의 길에 필요한 여러 요인들은 다음과 같다.[25] 무엇보다도 다양한 이견을 허용해야 하는데, 그러려면 집단의 리더는 자신의 뜻을 초기에 섣불리 드러내어서는 안 된다. 리더는 중립적인 입장에서 구성원들의 다양한 의견에 대해 비판적 평가자로서 평가하고 자신의 의견에 반대하는 의견도 긍정적으로 수용하는 태도를 가져야 한다. 중요한 사안인 경우에는 리더가 각각 다른 외부 자문단을 동시에 여러 개 운영해서 그 논의 결과를 비교해 보는 것도 좋다. 핵심 성원들의 관점에 문제가 있는지를 밝혀내기 위해 회의 때마다 외부 전문가를 활용하고 적극적으로 반대 의견을 제시하도록 독려할 필요가 있다. 특히, 대안 검토 단계에서는 악마의 대변자devil's advocate를 선정해 적극적으로 반대 논리를 제시하도록 할 필요가 있다. 조직이든 국가든 상대가 있는 정책 이슈의 경우에는, 바둑이나 체스처럼 경쟁자의 입장에서 다양한 시나리오를 만들어 보고 시나리오별로 탄력적인 대처 방안을 모색할 필요가 있다. 이와 같은 과정을 통해 최선의 정책 대안이 도출된 경우라도 집단 구성원 모두가 자신에게 남아 있는 마지막 우려 사항을 표현하고 검증받는 마지막 회합second-chance meeting을 가질 필요가 있다.

최근 MIT대의 알렉스 S. 펜틀런드Alex "Sandy" Pentland 교수는 집단성과가 취약한 팀과 집단성과가 양호한 팀은 각각의 의사소통 흐름의 패턴patterns of communication에서 차이가 있다는 사실을 빅데이터Big Data 분석을 통해 보여 주었다.[26] 집단성과는 팀원들 간 의사소통 흐름의 패턴에 의해 대부분 결정되고, 팀원들 각자의 능력이나 성격이 차지하는 비중은 극히 낮다는 사실이 밝혀진 것이다. 집단성과가 높은 팀의 경우는 팀원들 모두가 자유롭게 의사소통 흐름에 기여하고 균형 잡힌 의사소통 흐름을 나타냈다. 하지만 집단성과가 낮은 팀의 경우는 일부 팀원이 의사소통 흐름을 지배하고 의사소통 흐름의 패턴 역시 한쪽으로 치우친 일그러진 모양으로 나타났다. 관련 빅데이터 분석에서 의사소통 흐름의 속도를 결정하는 것은 팀원들 간 신뢰 수준이지만, 지나치게 친밀한 조직은 오히려 집단사고에 취약한 것으로 나타났다. 흥미롭게도 여성의 존재 여부가 의사소통 흐름과 집단성과에 상당한 영향을 미치는 것으로 나타났다. 이는 아마 여성의 경우 감성 코드가 발달해 있어 팀원들이 내는 사회적 신호를 빨리 알아차리고 의사소통 과정에서 고른 참여와 반응을 유도하는 능력이 뛰어나기 때문일 것이다. 그리고 구성원의 다양성이 높아지면 아이디어의 다양성이 증가하면서 원활한 의사소통 흐름에 기여하는 것으로 알려져 있다.[27]

불확실성의 시대에 완벽한 해답이 항상 존재하는 것도 아니고, 우리가 언제나 완전한 정답을 찾아야 하는 것도 아니다. 오히려 상황이 급변하고 있는데, 완벽한 해답에 집착하는 행태는 정답과의 거리만 계속 늘려갈지 모른다. 어쩌면 완벽한 해답을 추구하는 것보다 실패의 확률을 줄여 가는 것이 삶의 방정식에서는 더 현실적일 수 있다. 워렌 버핏의 동료이자 멘토였던 찰스 T. 멍거Charles T. Munger의 회상처럼, 자신은 대단한 성공을 추구했던 것이 아니고 단지 멍청함이나 어리석음 그리고 유행 따르기를 피하려고 했을 뿐인데, 장기적으로 큰 성공이 따랐다는 것이 그냥 하는 말이 아닐 수 있는 것이다. 삶의 경험에서, 우리가 노력하면 명백한 오답을 피할 수 있는 가능성의 창은 언제나 넓게 열려 있었던 것 같다. 개인이든 집단이든 명백한 오답을 향해 걸어 들어갈 수 있는 조건, 상황 등에 대한 분석과 반성을 통해 적어도 삶의 여정에서 엄청난 재난이 되는 지뢰를 밟지 않아야 하고 밟지 않도록 해야 하는 것이다.

인간은 긴 진화 과정에서 생존과 안정을 위해 집단에서의 소외와 배척을 몹시 두려워했던 존재임은 분명하다. 우리 삶의 DNA는 타인과의 관계 속에서 자신의 정체성을 확인하고 건강과 행복감을 느끼도록 프로그램되어 있는 것이다. 그 맥락에서, 우리는 집단의 의사결정 과정이나 1차적 산출물이 객관적으로 문제가 있는 경우에도 적극적으로 반대 의견을 개진하지 못하고 대개 집단 입장에 순응해 왔던 것이다. '여러 사람이 그렇게 이야기하는 것을 보니 내가 오히려 잘못 생각하고 있는지도 모르지.'라며 집단의 입장에 흔히 묻어 갔던 것으로 보인다. 다만, 그 과정이 극단적으로 되면 상식적으로 이해되지 않는 부화뇌동의 엄청난 참변인 종교집단의 집단 자살 형태로까지 이어질 수 있다. 1970년대 베네수엘라 인근 가이아나 '존스타운'에서의 914명 집단 자살, 1980년대 경기도 용인시 남사면에서의 '오대양' 신도 32명 집단 자살 등 국내외적으로 그 예가 드물지 않다. 사교 집단의 경우 집단 동일성이 그 어떤 실체보다 높게 나타나서 강력한 집단 영향력을 행사하게 되고 개인이 그 규범을 벗어나기 어렵게 되는 것으로 알려져 있다. 사교 집단만큼은 아니겠지만 권위적 정치 집단의 경우도 집단 일체성이 매우 높고 해당 집단 규범의 영향력 또한 높은 것으로 알려져 있다.

집단사고의 상황적 조건은 사실 그렇게 예외적인 것은 아니다. 1970년대 미국 메이저 자동차 회사들이 일제 자동차를 로엔드low-end라고 무시하다가 미국 전체 자동차 판매량의 25퍼센트 이상을 잠식당한 것이나, 일본 메이저 전자 회사인 소니나 파나소닉 등이 삼성전자 제품을 저품질의 로엔드 상품으로 취급하며 얕잡아 보다가 일거에 밀려 버린 것은 전형적인 집단사고 형태에 속한다. 계층적 고착성hierarchical lock-in 형태인 상관에게 노No라고 말하지 못하는 조직 문화로 인해, 명백하게 무리인 상관의 지시 사항에 대해 겉으로 수긍하고 실질적으로는 결과 데이터 조작이라는 거짓 보고를 했던 폴크스 바겐과 미쓰비시의 자동차 배출 가스 조작 사건이나 도시바의 분식회계 조작 사건 등도 기본적으로는 집단사고의 의사결정 구조와 크게 다르지 않다. 결국, 집단사고의 상황과 패턴은 우리 삶 속에서 정도의 차이는 있겠지만 직간접적으로 흔히 경험할 수 있는 것들이다. 집단 응집력, 조직 구조의 결함, 촉발적인 상황 맥락 등은 우리가 어떤 분야에 있든 발현될 수 있는 것들이다. 집단 응집력이 과업 지향적이 아니라 관계 지향적인 경우, 다양한 의견이 제대로 표출되거나 반영되지 못하는 조직 구조의 경우, 외부적 상황은 위협적인데 내적 자존감의 수준은 낮은 상황 맥락이 결합하면, 집단적 의사결정은 우리가 원하는 집단지성이 아니라 모두가 원치 않는 집단사고로 귀결될 수 있다.

동적 사고

창조적 동적 사고는 어둠 속에서 길을 찾아 가는 것과 비슷하다.

모두가 길이 없다고 인식하는 경우에도

작은 불빛 하나로 새로운 길을 열어 보여 주는 것이

창조적 동적사고다.

2002년 한일 월드컵 경기를 앞두고 가까운 친구는 부부간에 오메가 시계 사 주기 내기를 했다. 남편은 우리나라가 이번에는 16강에 들 것이라 했고 아내는 '희망 사항'일 뿐 16강은 어렵다고 했다. 결과는, 우리 모두가 알듯이 16강 정도가 아니라 4강까지 갔다. 물론 그 이변 이후에 친구는 짠순이 아내로부터 스포츠형 오메가 시계를 경품으로 챙겼다. 어떻게 16강에 들 줄 알았느냐는 물음에 그 친구 답은 간단했다. 본경기를 앞두고 유럽 강팀과 최종 연습 경기를 하는 것을 보니 우리 선수들의 패스가 달라졌더라는 것이다. 전에는 우리 편 선수를 보고 공을 차더니, 이번에 보니 공은 공대로 차고 우리 선수는 우리 선수대로 움직이는데 묘하게 공과 우리 선수들의 발이 맞더라는 것이다. 선수를 보고 공을 패스하는 것이 정적靜的 사고에 입각한 정적 플레이라면, 동료가 공격 포인트로 달려갈 것을 예견해서 바로 그 자리로 공을 패스하는 것은 동적動的 사고에 따른 동적 플레이이다.

정적 플레이밖에 할 줄 몰랐던 팀이 동적 플레이를 할 수 있게 되면 승률이 높아지는 것은 당연하다. 게다가 우리 팀은 어쨌든 죽기 살기로 플레이 할 것이기 때문에 역량이 비슷한 팀과의 승부에서는 자신이 있었다는 것이 그 친구의 답이었다. 그런데 동적 플레이는 저절로 되는 것이 아니다. 동적 플레이가 제대로 되려면 무엇보다도 팀원들 간의 소통과 이해 그리고 서로의 역량에 대한 믿음이 있어야 한다. 뿐만 아니라, 서로 간의 역량이나 의도에 대한 이해와 믿음을 실행과 일체화 할 수 있는 엄청난 연습이 뒤따라야 한다. 정확한 문제 인식과 유연한 태도, 상호 신뢰의 마인드, 그리고 철저한 훈련 중 어느 하나라도 빠지면 오히려 동적 플레이의 결과가 정적 플레이의 결과보다 못할 수도 있다. 사실 한일 월드컵 대비 감독으로 초빙된 거스 히딩크Guus Hiddink는 경기만 하면 상대팀에게 형편없이 깨진다며 '오대영 감독'이라 불리는 수모를 상당 기간 겪었다. 하지만 그 사나이는 우리 팀이 가지고 있던 정적 플레이의 문제점을 예리하게 파악해서 고장 난 시계 고치듯이 차분히 그리고 묵묵히 문제점들을 하나씩 하나씩 풀어 갔다. 그는 우리가 동적 플레이를 펼치기 위해 필요한 요소들이 무엇인지를 파악해서 완전 바닥부터 뜯어고쳤을 뿐만 아니라, 우리와 유럽 프리미어 리그 수위팀들의 차이가 무엇이었는지를 확실하게 보여 주었다.

우리 역사를 보면 동적 사고로 생각하고 실천했던 위대한 인물들이 적지 않다. 하지만 전체적으로는 정적 사고 위주로 정치를 하고, 국방을 하며, 기업을 경영했던 것으로 보인다. 예컨대, 조선의 패망은 여러 가지 원인이 있겠지만, 한 가지만 꼽는다면 정적 사고형 정치의 부정적인 결과가 아닐까 싶다. 사실 지배 계층의 이익 실현 위주로 정치적 의사결정이 좌우되는 것은 어느 사회든 거의 대동소이하다. 그런데 조선의 정치 패러다임은 특히 후반기에 이르면 정적 사고의 부정적인 패턴 측면이 지배했다. 지배 계층의 이익실현 자체가 피지배 계층에 대한 수탈과 착취를 통해서 가능하다고 보는 어리석음을 범함에 따라, 500년 이상을 지탱했던 한 왕조의 국력이 점점 약해지고 내적 잠재력은 점점 더 쪼그라드는 악순환을 겪게 된 것이다. 어떻게 하면 피지배 계층이 도망가지 못하게 붙잡아 둘 것인지, 어떻게 하면 피지배 계층이 가지고 있는 것을 최대한 수탈할 것인지에 그 좋은 머리를 썼다. 명시적으로는 조선 말기 지배 계층의 그 누구도 동의하지 않겠지만, 나라 문을 걸어 잠그고 피지배 계층이 굶어 죽지 않을 정도까지 최대한 수탈하는 것이 자신들에게 최대 이익이 될 것이라고 암묵적으로 생각하고 행동했던 것이다. 피지배 계층의 살림살이가 전반적으로 나아지도록 토지 제도를 개혁하고 토지 생산성 증대 방안을 모색하고 바다의 활용성을 높이며 조세와 군역을 공정하게 부과하는 것이 궁극적으로 지배 계층과 전체 사회에 더 큰 이익을 가져다줄 것이라는 동적 사고형 발상은 원천적으로 차단되어 있었다.

현재 우리가 보면 독도는 역사적으로나 지리적으로나 우리 땅이 분명하다. 그럼에도 불구하고, 독도 영유권 문제로 계속 일본과 갈등이 빚어지고 있는 것은 사람들이 낙도에 들어가서 개척하고 사는 것을 조선 조정이 금지한 데 연유가 있음을 부인할 수 없다. 대략 3년을 주기로 중앙 조정에서 군선을 파견해 낙도를 순찰하고 그곳을 개척해서 살고 있는 어민들을 잡아와서 가혹하게 처벌했으므로 독도같이 멀리 떨어져 있는 섬에 우리 백성들이 살 수가 없었다. 바닷가 인근 현에서는 주기적으로 파견되어 오는 중앙 군졸들이 낙도 순시 활동을 마칠 때까지 숙식을 책임져야 했다. 그런데 태풍이 불거나 장마가 오거나 해서, 파견된 병사들이 불가피하게 장기간 해당 항구에 머물게 되면 해당 현으로서는 통상적이지 않은 초과 지출로 인한 고충이 이만저만이 아니었을 것이다. 실제로 그러한 고충을 토로하는 기록들이 있다.

영국 왕립 지리학회 소속의 지리학자인 이사벨라 버드 비숍Isabella Bird Bishop 여사는 1894년에서 1897년까지, 3년간 조선을 방문한 후 『조선과 그 이웃 나라들*Korea and her Neighbours*』이라는 의미 있는 저술을 남겼다.

엄청난 권력남용, 공금낭비가 성행할 뿐만 아니라 통치체

> 제 자체가 이미 거대한 권력남용, 국익의 낭비였다. 현재 조선의 정치체제는 모든 인생을 근면과 생업으로부터 파산시키고 강탈해가면서 바닥도 끝도 보이지 않는 몰락과 부패, 타락으로 출렁거리는 거대한 바다에 비유할 수 있다. 관직과 재판판결이 다른 상품과 다름없이 사고 팔렸으며, 조정은 급속히 기울어가고 있었다. 조정의 단 하나 남은 권한은 피지배자들을 먹이로 삼을 수 있는 권리뿐이었다.[28]

비숍 여사는 개화파들의 실패한 개혁, 뿌리 깊은 세도정치의 암울한 현실을 보았고, 매관매직이나 관리들의 수탈로 인해 사회의 역동성이 제대로 발현될 수 없는 '족쇄 찬 사회'의 어두운 모습들을 낱낱이 기록했다. 파이를 키워서 나눌 생각이 아니라, 피지배 계층의 파이를 뺏어 배를 불리고자 하는 도둑정치kleptocracy의 모습을 통해 스스로 무너지고 있는 조선의 모습을 적나라하게 드러냈다.

> (시베리아의) 조선 남자들에게는 고국의 남자들이 갖고 있는 그 특유의 풀죽은 모습이 사라졌다. 토착 조선인들의 특징인 의심과 나태한 자부심, 자신보다 나은 사람에 대한 노예근성이 주체성과 독립심, 그리고 아시아인의 것이라기보다는 영국인의 것에 가까운 거친 남자다움으로 변했

> 다. 활발한 움직임이 우쭐대는 양반의 거만함과 농부의 낙담한 빈둥거림을 대체했다. 돈을 벌 수 있는 많은 기회도 있었고 만다린(청나라의 고등 관리)이나 양반의 착취는 없었다. 안락과 어떤 형태의 부도 더 이상 관리들의 수탈 대상이 되지 않았다.[29]

시베리아에 살고 있는 조선인의 완전히 다른 기질과 모습을 통해, 풀 죽고 무기력한 조선인의 모습이 조선인의 본래적 기질이라기보다는 제도적 차원의 문제일 수 있음을 비숍 여사는 함께 지적했다.[30]

한국의 근대 기업가 중 정주영과 이병철의 사례는 흥미롭다. 두 기업가는 전형적인 동적 사고형 기업가에 속한다. 정주영의 현대그룹이 이루어지는 과정에는 수많은 동적 사고형 성공 일화가 있다. 그중 그의 동적 사고형 의사결정과 행동 패턴을 잘 보여 주는 대표적인 사례를 보자. 그는 조선소를 아직 짓지도 않은 상태에서 선박 건조 주문을 받고, 조선소를 세우는 과정과 주문받은 선박을 건조하는 작업을 동시에 추진한다. 대동강 물을 팔았다는 봉이 김선달처럼 어떤 면에서는 황당하다. 정적 사고형 접근 방식에서는 조선소를 먼저 세우고, 그 조선소의 역량 범위 내에서 선박 건조 물량을 주문받고, 그다음에 주문받은 선박을 건조해서 인도하는 것이 순서다. 하지만 정주영은 일을 가장 효율적으로 수행하는 전체 그림, 즉 비전을 처음부터 자신의 머릿속에 그릴 줄 알았고 또 그것을 자신을 따르던 사람들에게 보여 주고 이끌어 갈 카리스마적 리더십이 있었다. 예컨대, 장마 때가 되면 침수 피해를 입는 강남을 개발하기 위해 박정희 정부가 삼성에 의뢰해서 한강 상류에 댐을 건설하자, 그는 바로 강남이 한국의 중심이 될 것으로 내다본다. 강남 땅의 가치 상승은 물론이고 강북과의 연결교량 증설을 예견한 그는 제3한강교(현 한남대교) 건설과 강남의 요충지에 해당하는 땅을 서둘러 확보한다. 그는 자기 편 선수가 가야 할 최적의 자리를 보고 패스했을 뿐만 아니라 동시에 그 패스를 다시 이어받아 골인까지 책임진 것이다. 어시스트 능력과 골 결정력을 동시에 보여 준 놀라운 동적 사고의 실천가임에 틀림없다. 그 누구에게도 관련 지식을 배운 적이 없었지만, 그 누구도 생각할 수 없는 문제 해결 방안을 찾아내어 기민하게 행동한 것이다. 영국의 철학자 칼 포퍼Karl Popper가 "삶의 모든 것은 문제 해결이다All life is problem solving"라고 규정했듯이 우리가 성공하고 실패하는 것은 문제 해결 능력에 달려 있다. 정치, 기업, 개인의 성공과 실패는 각각의 문제를 어떻게 규정하고 어떻게 대처 방안을 모색하느냐에 달려 있다는 것을 정주영은 분명하게 보여 주었다.

현재 한국을 만약 선진 산업국의 일원으로 분류한다면, 그 분류 과정에서 우리가 자랑스럽게 세계 일류로 내세울 수 있는 것은 과연 무엇일까? 아마 거의 대부분이 삼성전자를 꼽을 것이다. 애플과 함께 세계 스마트폰 시장을 사실상 양분하는 삼성전자의 역량을 의심하는 사람들은 별로 없다. 세미컨덕터 semiconductor, 즉 반도체가 세상을 바꿀 것이라는 사실을 '늦었지만 미리 알고' 뛰어들어, 삼성전자를 세계적 기업으로 만드는 토대를 놓은 사람이 바로 이병철이다. 이병철이 반도체에 투자해야 될지 아니면 유통업 쪽을 강화해야 할지 고민할 무렵에 국내 산업계에서는 반도체 투자에 대한 부정적인 의견이 다수였다. 심지어 삼성 비서실 근무 경력과 신세계 회장을 지냈던 구학서 역시 그 당시 반도체는 한국 산업계에서 고려 대상이 아니었음을 텔레비전 대담에서 이야기한 적이 있다. 반도체 부문에서 기술 선진국이었던 미국과 일본의 경우 이미 42,195미터 마라톤 전 구간 중 반환점을 눈앞에 두고 달리고 있었기 때문이다. 그 당시 어느 누구도 삼성이 거의 모든 면에서 앞서 있는 미국과 일본의 기업을 따라잡거나 추월할 수 있으리라고 예견하지 못했을 것이다. 정적 사고의 토대에서는 삼성 이병철의 결정은 섶을 지고 불로 뛰어드는 무모한 행동과 다름이 없었기 때문이다. 특히 문제를 잘게 잘게 나누고 그 하나하나를 끊임없이 분석해 가는 미국과 일본의 과학적 사고에서도 이병철의 결정은 이해하기 힘든 무모한 결정이었을 것이다. 물론 이병철의 결단 뒤에는 그의 사업 스타일로 볼 때 반도체의 미래 사업성에 대한 나름대로의 철저한 분석이 있었을 것이다. 또한, 그의 국제적 네트워크를 통한 다양한 정보 수집이 뒷받침되었을 것이다. 사실 창조적인 동적 사고는 완전한 어둠 속에서 빛을 발하는 것은 아니다. 앞이 어둡고 안개 속이더라도 그 속에서 자신이 동원할 수 있는 모든 수단을 활용해서 나아갈 길에 대한 정보를 수집하고 그 수집된 정보에 대한 냉정한 분석을 거친 후, 분석 결과라는 작은 초롱불에 의지해서 남들이 보지 못하는 길을 남보다 먼저 찾아내는 것이 바로 진정한 통찰력이다.

서구 산업사회가 발전의 척도 내지 토대로 받아들이는 과학science은 '자르다'는 의미의 라틴어 'scindere'에서 연유한 것이다.[31] 진리를 밝히는 과정은 진리와 진리 아닌 것을 구분하는 능력, 즉 오류를 최소화하는 능력을 기르는 것이다. 오류를 줄이기 위해서는 우리가 궁금한 현상 사체를 최대한 나누어 볼 필요가 있고, 더 이상 나눌 수 없는 경우에는 실험을 통해 결과의 보편성과 일관성이 있는지를 검증하면 된다. '도시 이미지'의 경우에도 케빈 린치Kevin Lynch식으로 도로path, 경계edge, 지구district, 결절점node, 랜드마크landmark 등으로 나누어 보면 막연히 '도시 이미지'로 포착하는 것보다 훨씬 더 명확하게 도시에 대한 그림을 그릴 수 있다. 세분해서 포착하는 것이 서구 인식론의 기초를 이루지만 동양의 경우에는 큰 차이가 있다. 공자에게 제자인 자공이 "아는 것이란 무엇입니까?"라고 여쭙자, 공자가 "사람을 아는 것知人"이라고 답했다. 그리고 공자는 자공에게 "내가 많이 배워서 아는 사람이라 생각하느냐?"라고 묻는다. 자공이 "그럼, 아닙니까?"라고 되묻자, 공자는 "(나는) 모든 것을 일이관지一以貫之로 아는 것이다"라고 답한다. 이 일이관지란 사안에 대한 핵심을 꿰뚫는 사고를 강조하는 것이다. 서구 사회는 나누어서 실험을 해 봄으로써 정확하게 파악하는 데 초점을 둔 반면, 동양 사회에서는 근본에 대한 직관과 통찰력을 중시한 것이다. 이병철의 창조적인 동적 사고는 서구 사회의 분석력과 동양 사회의 직관력이 절묘하게 조화를 이룬 사례에 속한다.

여기서 정치가로서 박정희의 동적 사고형 접근도 함께 살펴볼 필요가 있다. 기업인 정주영과 이병철이 자신의 역량을 마음껏 발휘할 수 있도록 그 장場을 펼쳐 준 리더의 남다른 안목은 동적 사고형의 맞춤형 렌즈를 이용해서 비춰 볼 때 제대로 보인다. 국내 자본 형성이 극히 미미한 상태에서 국내 기업인들이 외국 금융기관으로부터 자본을 차입하려면 그나마 실체가 분명한 정부의 지불보증이 필수였다. 따라서 그 당시 시장 이자율의 반의 반도 안 되는 이자율로 외화를 차입할 수 있는 정부의 지불보증을 받는 것 자체가 엄청난 경쟁력이었다. 서울대 사회학과 교수였던 임현진은 자신의 하버드대 박사학위 논문에서, 한국에 대한 미국의 지정학적 이해관계 때문에 공산화 우려가 없고 따라서 한국 정부의 지불보증은 국제 금융기관들에게 안정적인 채권 확보를 의미했다는 점을 지적하고 있다. 물론 정부의 기업 지원 과정에서 정치자금 마련 등 여타 목적도 있었겠지만, 본질적으로 국제 경쟁력을 가질 수 있는 기업 활동을 지원하기 위해 의도적으로 자금을 공급했다는 것이 중요하다. 만일 그러지 않고, 지불보증 형태의 외화 차입 특혜에 대한 반대급부로 정치가들과 공직자들이 앞서거니 뒤서거니 하며 갖가지 명목의 수탈을 대규모로 자행하고, 기업은 기업대로 허울뿐인 낭비적 투자를 이어 갔다면 국내 기업들은 대외 경쟁력을 확보하지 못한 채 빈껍데기로 전락했을 것이다. 박정희 정권은 수출형 기업 활동을 지원했지만, 동시에 기업들이 그 돈을 사치와 향락 등에 낭비하지 않도록 감시하는 역할까지 수행했다. 소명의식 등을 상정하지 않으면 쉽게 이해하기 힘든 정치적 리더십이다.[32] 그 당시 한국보다 사정이 나쁘지 않았던 필리핀이 아시아의 경제 후진국으로 남게 된 것은 마르코스F. Marcos와 이멜다Imelda Marcos 정부의 부정부패가 큰 원인으로 지적된 것과 극명한 대조를 이룬다.

조선의 경우 개국 후 정확하게 200년이 되는 시점인 1592년에 임진왜란을 겪고, 다시 약 300년 후인 1910년에 한일합방으로 국망의 비운에 처하게 된다. 이 과정은 정적 사고의 부정적 결과의 가장 극단적인 형태로 볼 수 있기 때문에 하나씩 꺼내서 되짚어 볼 필요가 있다. 고려 말에서 조선으로 넘어가는 시기, 중국 대륙은 원·명元·明 교체기였다. 몽고 제국인 원나라가 쇠락하고 한족 주원장이 명나라를 건국하게 되는데, 그 격변기에 고려는 우왕좌왕하는 모습을 보인다. 공민왕은 즉위 초부터 원의 지배로부터 벗어나기 위해 관제를 바꾸고 원의 지배하에 있던 쌍성총관부를 공격하여 수복하는 등 개혁 정치를 시행한다. 하지만 무엇보다도 토지 제도의 문란으로 권문세가들의 토지가 산천을 경계로 나뉘고, 일부 소농들은 먹고살기가 힘들어서 스스로 토지를 권문세가들에게 투탁하고 노비로 전락하는 상황이 벌어진다. 공민왕은 이 문제를 바로잡기 위해 즉위 14년에 개경 백성들에게 문수보살의 화신으로 이름 높았던 신돈辛旽을 중용하게 된다.

신돈과 공민왕의 만남을 알려 주는 정확한 기록은 없다. 하지만 공민왕이 꿈속에서 한 승려가 자객으로부터 자신을 구해 주었는데, 마침 김원명이 궁으로 데리고 온 신돈이 그 승려의 모습이었다는 전설 같은 이야기가 있다. 김원명은 홍건적이 침입했을 때 왕을 안동까지 호종한 인물이다. 사실 신돈의 법명은 편조遍照였고 신돈은 공민왕을 만난 후 얻게 된 속명이다. 계성현(현 창녕) 화왕산 옥천사의 여종의 아들로 태어난 신돈은 어려서부터 출생 신분 때문에 중들 틈에도 끼지 못하고 산방에서 겉도는 신세였다. 고려 말 권문세족의 비호를 받은 절은 막대한 토지와 노비까지 거느린 부패한 도량으로 변질되어 있었고, 이에 신돈은 사찰 역시 개혁 대상으로 생각하게 된다. 공민왕의 신임을 얻은 신돈은 전민변정도감田民辨整都監을 설치해서 논밭과 노비 문제를 바로잡고자 했지만, 기존 권문세가의 반발과 공민왕의 지지 약화 등으로 실패하게 된다. 신돈은 실패한 개혁가이자 비도덕적인 인간으로서 온갖 모멸을 뒤집어쓰지만, 후세에 남은 기록을 그대로 받아들이기는 어렵다. 신돈은 기존 지배 세력이었던 권문세가는 물론이고 그 이후의 신진사대부 계층으로부터도 환영받지 못할 출신이고, 왕을 제외하고는 그 어떤 지지 세력도 찾기 어렵기 때문이다. 신돈이 물러난 후 3년이 지나 공민왕이 내시의 손에 의문의 죽음을 당하면서 신돈과 공민왕의 개혁은 좌절로 끝나게 된다. 그 와중에 기존 질서에 얽매이지 않고 사회를 적극적으로 개혁하고자 했던 대표적인 인물인 정도전과, '지옥의 전쟁'이라 할 만한 7년간의 임진왜란을 사실상 승리로 이끌었던 이순신을 동적 사고형 인간의 전형으로 살펴볼 필요가 있다.

정도전은 경상도 북부 봉화 지방의 토착 세력 출신으로 알려져 있다. 고려 말에 송으로부터 전수된 수경 재배 등의 영향으로 미작에서 일대 혁명이 일어난다. 휴경 없이 매년 농사를 지을 수 있을 뿐만 아니라 쌀과 보리 등을 연속해서 재배함으로써 생산량이 대폭 늘어나게 된다. 낙동강 등 대규모 강의 천변에 위치한 소규모 중소 지주들의 경우는 생활에 어느 정도 여유를 얻게 되고 자식들의 교육에 보다 적극적인 관심을 쏟게 된다. 목은牧隱 이색 문하에서 포은圃隱 정몽주 등과 함께 수학했던 삼봉三峰 정도전은 다섯 살이나 위였던 정몽주와 절친한 관계로 알려져 있다. 정도전이 부친상을 당해 초막을 짓고 3년간 시묘를 살던 중에 정몽주가 『맹자』를 구해 준다. 당시는 대갓집이 아니면 책을 구하기 어려운 시절이었다.[33] 정도전은 수년간의 유배와 유랑 생활을 통해 백성의 살림살이를 넉넉하게 하는 것이 국가를 발전시키고 주변 국가들의 침탈로부터 스스로를 지키는 핵심이라는 것을 파악한다. 신돈과 마찬가지로 고려 말 토지 제도의 문제점을 직시했던 것이다. 자신의 사회·정치적 이상을 실천하는 힘을 갖춘 인물로 이성계를 지목하고 그 당시 동북면도지휘사로 있었던 이성계를 함주咸州 병영으로 직접 찾아갔던 것으로 알려져 있다. 그가 이성계를 군막에서 만난 후 남겼다는 시 한편에서 우리는 그의 뜻을 충분히 짐작할 수 있다.

> 아득한 세월에 한 그루 소나무
> 푸른 산 몇 만 겹 속에 자랐구나.
> 잘 있다가 다른 해에 만나 볼 수 있을까
> 인간을 굽어보며 묵은 자취를 남겼구나.

정도전은 사회·경제적으로는 토지 제도를 개혁하고, 대외 정치적으로는 내분으로 쇠락해 가는 원나라의 부마국으로부터 벗어나서 새롭게 부상하고 있던 명나라와의 연대를 생각했으며, 국내 정치적으로는 재상 중심의 정치 운영을 이상적인 정치 제도로 생각하였다. 그는 사농공상士農工商의 직업 분화, 토지 재분배를 통한 자작농의 광범위한 창출, 산업 발전을 통한 부국강병, 실적 위주의 사士 중심의 관료제, 현대판 입헌군주제에 해당하는 재상총재제 등을 꿈꾸고 실천해 나간, 14세기 인물로는 믿기지 않는 놀라운 동적 사고형 인물임이 분명하다. 그런데 역사의 아이러니인지, 사실 이성계의 부상 자체가 너무나 우연적인 사건들의 연속적 조합이었다. 원나라의 급작스러운 쇠퇴와 명나라의 부상, 김용의 '흥왕사의 난' 등 고려군부

수뇌부들의 치열한 권력 다툼, 북쪽에서 홍건적의 대규모 침공, 남쪽 해안 지방에서 왜구의 극심한 노략질과 도발, 신진 사대부들의 부상 등 그 어느 하나라도 없었더라면 이성계가 중앙 정치 무대의 중심에 서기 어려웠을 것이기 때문이다. 원나라의 쇠퇴는 원의 정치적 간섭을 부담스러워하던 공민왕이 새로운 선택을 모색하도록 하는 계기가 되고, 그 당시 원이 지배하고 있던 쌍성총관부를 공격해 수복하는 형태로 고려의 의지가 표출된다. 이때 그곳의 토호였던 이성계 집안이 주요 역할을 함에 따라 이성계가 고려 군부에 발을 들여놓게 된다. 원 제국의 쇠퇴 과정에서 1351년 백련교도를 주축으로 하는 '홍건적'이 봉기하여 양자강 일대를 세력권으로 활동하게 된다. 명 제국의 주원장 역시 비렁뱅이 탁발승에서 홍건적의 일원이 되었다가 후에 능력을 발휘하여 홍건적의 유력한 군벌 중 하나가 되고 1368년 원을 대도(현 북경)에서 패퇴시킨다.

원에 쫓기던 홍건적의 일단은 1, 2차에 걸쳐 고려를 침공하는데, 한때 개경까지 공격하게 된다. 뿐만 아니라, 쓰시마 해적을 주축으로 하는 왜구의 침입도 극성이어서 바닷가 노략질뿐만 아니라 한양을 넘보는 강화도까지 올라오고 지리산까지 쳐들어오는 대담함을 보였다. 왜구가 워낙 잔인해서 바닷가에 사람이 살기 어려울 정도였는데, 이성계는 혁혁한 전공을 세움으로써 일반 백성들에게 명망을 얻게 된다. '흥왕사의 변'(1363년)으로 알려진 김용의 난은 공민왕을 암살하고자 한 계획이었지만, 사실 그 전에 김용의 계략에 의해 정세운, 안우, 이방실, 김득배 등 고려 군부 내 주요 장군들이 한꺼번에 제거된다. 결과적으로, 갑자기 고려 군부 내 '힘의 공백' 상태가 만들어지게 되는데, 이 변란 역시 이성계의 행동반경을 확대하는 주요 계기가 된다. 신진 사대부는 공민왕 등이 권문세족을 누르고 개혁 정치를 수행하는 과정에서 분명한 정치 세력으로 부각된다. 이들은 지방의 중소 지주 출신으로, 권문세족과는 이해관계가 달랐다. 권문세족들이 부재지주였던 반면에 이들은 대부분 자신의 토지를 직접 경작했기 때문에 토지 생산력 증대와 농민들의 생활에 관심이 컸던 것으로 보인다. 성리학을 중심으로 실천윤리를 강조했기 때문에 개혁 과정에서 권문세족으로부터 탄압을 받기도 했지만 조선 건국의 주요 세력이 된다.

정도전은 고려 말기의 복합적 사회 모순을 인지하는 데에 그치지 않고 실천적 해결 방안 및 미래 구상까지 함께 제시하고 이행한다. 기업인들이 추구하는 '돈'보다 훨씬 복잡 다양한 사회와 국가 그리고 백성들의 입장을 전향적으로 고려한 실천가였던 것이다. 그는 유배와 유랑 기간 중에 촌로와 함께 일하고 대화하면서 백성들의 삶을 직접 체험하며 자기 성찰과 함께 민본 사상을 키워 갔다. 이 과정에서 백성을 위한 입장이 아니라 백성의 입장에 서야 한다는 것을 깨닫게 되었던 것으로 보인다. 정도전은 맹자가 강조한 '여민락與民樂'을 통해 인본주의 정치철학을 실천하고자 했던 것이다.

조선 건국 후 정확하게 200년이 지난 1592년 4월 13일 임진왜란이 발발한다. 봉건영주들 간의 100여 년에 걸친 내전을 끝낸 오다 노부나가織田信長의 가신이었던 도요토미 히데요시豊臣秀吉의 집권으로 임진왜란이 발발한다. 영토 확장 야욕과 내적 불만 에너지를 외부로 분출시키고자 한 히데요시의 선택으로 동북 아시아 전체를 격랑과 수렁으로 빠뜨리는 7년간의 대전란이 시작된 것이다. 고려 말 김용의 '흥왕사의 난'을 통해 변방의 야전 사령관이었던 이성계가 중앙정치 무대에 진출하는 계기가 마련된 것처럼, 오다 노부나가의 가신이었던 아케치 마쓰히데明智光秀의 '혼노지本能寺의 변'은 모리 가문을 공격하기 위해 전선에 있던 군 지휘관 히데요시에게 기회를 만들어 주게 된다. 노부나가는 전선으로 이동하기 위해 직속 수행원 200여 명만을 거느리고 혼노지에서 머물던 중, 가신이었던 마쓰히데의 3만 군병에 포위되어 비참한 최후를 맞게 된다. 문제는 마쓰히데를 토벌하는 선봉장 역할이 야전 사령관이었던 히데요시에게 자연스레 주어지게 되고, 그는 마쓰히데뿐만 아니라 반대파들을 제거하는 기회를 잡게 된다. 히데요시는 미천한 가문 출신이라는 약점을 본인의 비범한 능력으로 극복하는 과정에서, 현대 의학적으로 이야기하면 도파민과 테스토스테론이 과다 분출되어 과감해지며 집중력도 높아졌을 것으로 보인다. 히데요시는 출신의 약점을 더 큰 성공을 통해 극복하고, 동시에 전국시대의 낭인이나 무사들의 에너지가 자신이나 국내가 아니라 외부 세계로 뻗어 나가도록 하기 위해 조선 출병을 결심했을 것이다.

일본 내에서도 전쟁에 반대하는 세력이 적지 않았기 때문에 자연히 히데요시의 움직임이 우리 국내에 여러 차례 전달되었다. 전쟁 발발 이태 전에 황윤길과 김성일 등의 통신사를 파견해서 일본 국내 정세를 탐지하도록 한 것은 조선의 지배층이 확신은 없었지만 전쟁 가능성이 있다고 생각했기 때문이다. 그 이듬해 통신사가 귀국하게 되고 정사인 황윤길과 부사인 김성일의 진술이 엇갈렸지만 조정에서는 나름내로 전쟁 발발에 대비했던 것으로 보인다. 유성룡의 강력한 천거를 받은 이순신은 정읍 현감과 진도 군수를 거쳐 전쟁 발발 1년 전 파격적 승차로 전라좌도 수군절도사에 임명된다. 유성룡으로서는 바다가 튼튼하면 일본과의 전쟁에 대비할 수 있지 않을까 기대했을 것이다. 이순신에 대한 유성룡의 신뢰는 다음 글에서 분명하게 드러난다.

> 전라 좌수공左水公(이순신)은 담력이 남다름을 내가 잘 알고 있습니다. 오늘날 무장 가운데는 그와 비교할 만한 사람이 없으니, 바다의 책임은 오로지 그에게 있습니다. 영공(절친했던 김성일)께서도 서로 협력한다면 유익한 점이 적지 않을 것입니다. 호남의 선비로서 김천일 등이 모두 의병을 일으켰다고 하니, 참으로 가상한 일입니다. 이들 역시 자신을 잊고 한마음으로 일을 함께 처리함이 옳을 것입니다.[34]

김성일은 임진왜란 이태 전인 1590년 3월, 정사 황윤길과 함께 부사로서 일본에 통신사로 다녀온 인물이다. 이듬해 귀국한 김성일은 황윤길과 달리 일본이 침략하지 않을 것이라고 보고한 것으로 유명하다. 임란 당시에 경상 우병사로 활동하다, 통신사 보고에 대한 책임으로 체포되었다가 다시 방면되어 경상우도 초유사에 임명되고 제2차 진주성 전투 중에 병사한다. 『서애집』에 유성룡이 김성일에게 보낸 편지가 여러 통 있는 것으로 보아 둘 사이가 친밀했던 것 같다.[35]

이순신의 위기관리 리더십은 생각할수록 놀랍다. 글로벌 경쟁 사회에서 글로벌 리더들의 성공적 리더십 ABC를 한꺼번에 보는 것 같다. 이순신은 힘의 열세를 극복하기 위해서 상황 변수(지형지물 등)의 적극적인 활용, 새로운 아이디어 도입(거북선 건조, 둔전 설치, 해로 통행첩 발급[36] 등)을 통한 자체 역량 강화, 집단 일체성 강화 노력(엄정한 군기 확립, 적극적 전공 포상, 리더의 헌신 등)을 통한 집단 신뢰형 사기 제고 등을 이끌어 냈다. 임진왜란 당시 23전 23승이라는 믿기 힘든 전과는 그의 위기관리 리더십을 빼놓고는 설명할 수가 없다. 그는 이기기 위해서 자신이 동원할 수 있는 모든 자원과 역량을 결집시켰는데, 그것은 그의 탁월한 입체적 동적 사고의 결과다. 이순신은 신상필벌에서 공정한 불평등equal inequality을 실천했을 뿐만 아니라, 자신이 통제할 수 없는 주변 인물들은 달래서 협력을 유도하는 포용 능력 또한 보여 준다. 이순신 부대에 명의 수군도독 진린陳璘이 합세하게 되는데, 진린은 성격이 포악하고 남과 어울리자 못하는 사람이었다고 한다. 진린의 군사가 고을 수령을 함부로 때리고 욕하며, 찰방 이상규의 목을 새끼줄로 매어 끌고 다니며 피투성이를 만드는 모습을 보고 재상인 유성룡이 풀어 달라고 요청했지만 듣지 않았다. 하지만 이순신은 진린이 내려오자 사슴·멧돼지·생선을 잡아 큰 잔치를 베풀어 줄 뿐만 아니라 적선을 물리치고 수습한 적의 머리 40여 급을 진린에게 보내 그의 공으로 돌린다. 이순신의 마음 씀씀이에 감동한 진린은 그 이후 매사를 이순신과 협의해 처리해 나가고 이순신을 존중하게 된다. 진린의 마음을 얻은 뒤 이순신은 그와 합의하여, 조선군이든 명군이든 불문하고 잘못이 있으면 데려다 매로 다스리기로 한다. 그러자 섬 안의 질서가 유지되고 백성들 또한 걱정 없이 지내게 된다.[37] 이것은 동적 사고형 전략가인 이순신이 전쟁이 무엇인지, 적으로부터 업신여김을 당하지 않으려면 어떻게 해야 하는지를 밝힌 것이고 또 실천한 것이다.

이순신의 입체적 동적 사고의 가장 극적인 형태는 명량해전을 앞둔 상황에서 드러난다. 부유한 상인 출신인 고니시 유키나가小西行長의 부하이며 이중간첩인 요시라要時羅가 경상 우병사 김응서에게 가토 기요마사加藤清正가 남동해 쪽으로 건너온다는 거짓 정보를 전달하자 조정에서는 통제사 이순신에게 가토를 나포하는 작전을 실행하라는 명령을 내린다. 우리 수군을 넓은 바다 쪽으로 유인하고자 하는 거짓 정보임을 이순신은 바로 간파한다.[38] 하지만 원균의 모함과 왜군의 계략 등으로 이순신은 파직되고 옥에 갇혀 심한 옥고를 치른다. 그 이후 통제사직을 대신한 원균이 적의 유인 전술에 빠져 거제 칠천량에서 전멸에 가까운 대패를 당한다. 이순신이 복직해서 돌아왔을 때 수군은 괴멸 상태에 가까웠다. 조정에서도 남은 배 12척을 파선하고 수군 병력을 모두 권율 휘하 육군에 배치하고자 한다. 이때 이순신이 선조에게 장계를 올려, “신에게는 아직도 12척의 전선이 남아 있습니다. 죽을힘을 다해서 싸우면 적의 진격을 막을 수 있습니다. 이제 만일 수군을 모두 폐하여 버린다면 적은 천만번 다행한 일로 여길뿐더러, 충청도를 거쳐 한강에까지 이를 것입니다. 전선의 수가 적고 미미한 신하에 불과하지만, 신이 죽지 않는 한 적이 우리를 얕보지는 못할 것입니다”라며 조정을 설득한다.[39] 그는 절체절명의 상황에서도 “죽기를 각오하면 살 수 있고, 반드시 살고자 하면 죽는다[必死則生 必生則死]”라는 역설적인 비전을 제시한다. 모두가 물러서야 한다고 생각하고 이길 가능성이 없다고 체념하고 있을 때, 그는 이길 수 있는 길이 있고 그 길에서 모두가 주인공이라는 분명한 메시지를 공유할 수 있는 리더였다. 실제 이순신 장군은 명량해전에서 133척의 적군과 대결하여 31척을 격침하는 대승을 거둔다. 부하들에게 승리할 수 있고 미래가 있다는 믿음을 주고, 믿음이 있으면 현재의 생사의 위협과 곤궁을 감내할 수 있음을 알고 몸소 실천한 것이다. 이순신은 그런 믿음을 함께 공유할 수 있는 인물이었다. 이것은 정말 무無에서 유有를 창조하는 입체적 동적 사고의 전형적인 사례다.

바다에서 이순신이 분전하였지만 육지에서의 전황은 참혹할 정도였다. 왜군이 부산포에 나타난 것이 1592년 4월 13일인데, 그로부터 20여 일 만인 5월 3일에 왜군이 한양에 진입하게 된다. 그 3일 전 4월 30일 새벽에 선조가 한양을 빠져나가자 분노한 백성들은 궁궐에 불을 지르고 내탕고를 노략질한다.

선조의 어가가 평양성을 떠난 일자가 1592년 6월 11일이니 왜군의 진격은 가히 파죽지세였다. 부산포에 상륙한 지 2달도 채 되지 않아 평양성을 위협했으므로 조선 육군이 얼마나 취약했는지 짐작할 수 있다. 오죽했으면, 명나라에서 조선의 진정한 의도(일본과 싸울 뜻이 진정으로 있는지에 대한 것)를 의심해서 사신으로 임세록을 파견해 조선의 전투 사정을 직접 확인하게 했겠는가.[40]

임진왜란 7년 동안 가장 심각한 문제 중 하나는 식량 조달이었을 것이다. 20만 명에 이르는 왜군은 당연히 군량의 대부분을 조선에서 조달하고자 했을 것이므로 최소한의 군량만 싣고 상륙했을 것이다. 10만 명 가까운 명나라 군사들의 군량도 상당 부분 조선에서 조달해야 했을 것이며, 20만 명 정도 되는 조선군의 군량미 역시 부담이었을 테니 조정에서 백성들의 기근에 대책을 세우기가 사실상 불가능했을 것이다. 더욱이 장기간의 전란으로 조선 경작지의 대부분이 황폐화되었으므로 백성들은 초근목피로 살아남는 것 자체가 기적이었을 것이다.

참혹한 왜란, 혹독한 호란을 연이어 겪으면서도 조선의 지배 계층은 왜 뼈를 깎는 반성을 하지 않았을까? 조선은 왜 권문세족의 정치, 세도정치 등으로 국력을 소모해서 약 300년 후 국망의 비운을 겪게 된 것일까? 구한말 비숍 여사가 관찰한 것처럼 왜 관리들은 백성을 수탈하는 데 골몰하고 백성들은 무기력한 삶을 이어 갔을까? 비숍 여사가 시베리아 지역에서 한인들을 관찰한 실상이나 현재 한국의 역동성을 보면, 무기력한 삶이 한국인의 본성과 맞지 않는 것은 분명하다. 제도 등의 문제로 내적 에너지가 분출되고 발현되지 못하게 조선인의 사지가 사실상 결박되어 있었던 것으로 보아야 한다. 엄격한 신분제 사회는 이미 승부가 결정된 게임과 유사해서 내재적으로 동적 사고를 차단하는 역할을 했을 것이다. 힘과 권력이 있는 인물을 중심으로 조직을 형성하고 그 안에서 인간관계를 돈독히 하는 것만이 사회적 신뢰가 낮은 조선조 사회에서 살아남고 사회적 신분을 유지하는 지혜로운 방안이었을 수 있다. 신분제 사회는 한편으로 사회적 안정을 주었겠지만, 다른 한편으로는 사회적 역동성 상실이라는 값비싼 대가를 치르게 한 것이다.

폐쇄적 관점의 정적 사고에서는 동료나 경쟁자를 함께 발전할 수 있는 실체로 인지하기보다는 한정된 몫을 가지고 다툼을 하는 제로섬 게임의 경쟁자로 받아들이기 쉽다. 백성을 부유하게 만드는 것이 지배자들의 진정한 이익을 키워 가는 것임을 인식하지 못하고, 백성의 삶을 최대한 침탈하고 쥐어짜는 것이 자신들에게 이익이 될 것이라고 생각하기 쉽다. 창조적 동적 사고는 어둠 속에서 길을 찾아 가는 것과 비슷하다. 모두가 길이 없다고 인식하는 경우에도 작은 불빛 하나로 새로운 길을 열어 보여 주는 것이 창조적 동적 사고다. 관련 인재를 키우고, 활동의 장을 열어 주는 것이 창조적 동적 사고형 리더의 덕목인 것이다. 영국 낭만파 대표 시인 윌리엄 워즈워스William Wordsworth는 케임브리지대학 시절 도보로 알프스를 여행하며 경험한 거대한 자연의 풍경을 한평생 가슴에 담는다. 그는 자전적 장시 「서곡The Prelude」에서 자신의 마음속에 새로운 활력을 불어넣어 준 자연 속 장면 내지 기억의 순간들을 '시간의 점spots of time'이라 불렀다. 그런데 워즈워스가 말한 '시간의 점'은 자연 속의 장면이나 이미지로 한정되어야 하는 것은 아닐 것이다. 7년간의 지옥 같은 전쟁 속에서 오늘을 버티고 내일의 극한 상황을 극복하게 해 준 '믿음의 순간' 내지 '믿음의 에너지'가 '시간의 점'일 수 있다. 병사들과 백성들이 혹독한 현실 속에서 자신들만의 시간의 점을 마음속에 찍어 갈 수 있도록 기회의 창을 열어 주는 것이 입체적 동적 사고형 리더의 진정한 자질인 것이다.

시간의 점Spots of Time

— 윌리엄 워즈워스

우리의 삶에는 시간의 점點이 있다.
이 선명하게 두드러진 점에는
재생의 힘이 담겨…
우리를 파고들어
우리가 높이 있을 때는 더 높이 오를 수 있게 하고
우리가 쓰러졌을 때는 다시 일으켜 세운다.

제3의 공간

올든버그의 표현에 따르면 '제3의 공간'은
수평화 작용의 무대로서의 '레벨러(leveler)' 기능을 수행해서
모두가 비교적 동등한 위상에서 서로를 대할 수 있게 하는 곳이다.
따라서 그곳에서는 소위 '느슨한 사교'와 '느슨한 대화'가 용이하다.

작가가 아니더라도 다양한 글 작업을 하는 이들 상당수가 요즘 카페 한구석에서 작업을 한다. 국외뿐만 아니라 국내 카페에서도 그런 모습을 심심찮게 볼 수 있다. 한 세대 전만 해도 타이프라이터로 작업하다 보니 탁탁 소리가 나고, 전동 타이프라이터라 할지라도 무겁고 커서 휴대 자체가 쉽지 않았다. 무엇보다도 여러 사람이 함께 쓰는 준準공적 공간에서 장시간 죽치고 작업하는 이들에 대한 사회적 시선이 그리 곱지 못해, 커피숍이나 찻집 등에서 '먹고사는 글 작업'하는 모습을 보는 것이 그리 흔치 않았다. 그럼에도 자신의 머릿속에서 흘러넘치는 이야깃거리를 주체 못 해 낡은 타이프라이터를 이용해 카페 한구석에서 작업하는 사람들이 없었던 것은 아니다. 그런데 지금은 사정이 많이 다르다. 우선 시대를 앞서가는 몇몇 천재들의 호기심과 상상력의 결과인 휴대용 컴퓨터 관련 기술이 엄청나게 혁신되었고, 인터넷과 와이파이 등의 통신기술 혁명이 그 뒤를 따랐다. 게다가 산업의 구조적 전환 흐름을 타고 프리랜서로 이것저것 해서 먹고사는 사람 수가 확 늘었고, 교수들이나 대학생들 그리고 기타 전문 직업인들이 각자의 일거리를 사무 공간이 아닌 곳에서 해치우기 위해 동네 카페를 많이 이용한다. 이제 프로 작가가 아니더라도 노트북을 이용해서 이 일 저 일을 하는 다양한 사람들이 동네 카페의 핵심 고객층으로 떠오르고 있다.

이들은 카페를 동네 도서관이자 개인 서재처럼 이용하는데, 각각의 장점만을 골라서 싼 가격에 향유하고 또 자유스럽게 떠난다. 엉덩이가 무거운 고객들이라 동네 카페 점주들이 꺼려할 수도 있다. 하지만 안정적 단골 고객층으로 볼 수도 있어 그런지 시내 중심지가 아니면 이들에 대한 거부감이 그렇게 높지 않다. 나 역시 '카공족(카페에서 공부나 일을 하는 이들)'으로, 대학 연구실보다 카페에서 작업하는 시간이 많아 카페 이용객들의 종류, 성향, 카페 점주의 반응을 파악하는 데 일가견이 있다. 일반인의 경우 대학 연구실이 정숙하고 안온한 공간이라 생각할 수도 있지만 사실 대개 그렇지 못하다. 안 받기는 부담되는 수시로 울리는 연구실 전화, 뭘 홍보하거나 팔기 위해 불쑥불쑥 들르는 외부 불청객들, 작업의 흐름을 끊는 별로 중요하지 않은 노크 등 다양한 에피소드들이 쉽게 이어지는 장소가 우리네 사회과학자들의 연구실이다. 무엇보다도 너무 사무적인 공간이라 나의 경우 긴 호흡이 필요한 일거리는 오히려 연구실을 피하는 편이다.

1998년 싱가포르국립대NUS 건물 및 부동산학부에서 펠로우십 교수로 근무할 때다. 학교 인근에 시설 좋은 카페가 그렇게 많지 않아서 그런지 대학생들이 맥도날드 등 패스트푸드점에서 공부하는 모습을 흔히 볼 수 있었다. 그러다 2007년 미국 윌리엄스대Williams College 경제학과에서 연구교수로 근무할 때 보니, 작은 대학촌 동네여서 그런지 인문학과 교수들이 학생들 논문 지도와 상담 등에 동네 카페를 적극적으로 활용하고 있었다. 영업 시간이 아침 6시에서 저녁 6시까지였던, 동네에서 제일 잘나가고 규모도 제일 큰 스프링 스트리트 길 끝 쪽 '터널TUNNEL' 카페의 붙박이 단골 고객 중 한 명이 나였다. 쫄깃쫄깃한 식감의 블루베리 베이글에 크림치즈를 듬뿍 바르고 요구르트나 우유 탄 아메리카노를 곁들이거나, 또는 그냥 달콤한 도넛과 커피 한 잔 등으로 가볍게 브렉퍼스트를 해결하려는 동네 사람들이 줄을 서는 곳이 터널이었다. 그러하다 보니 이른 아침에 사람 냄새와 온기를 느끼고 싶으면 그냥 터널 입구 쪽에 줄을 서면 됐다. 괜찮은 아침 식사는 덤이었다.

과거 작은 공장이나 다른 시설로 사용되던 공간이 카페로 바뀌어서 그런지 터널은 카페치고는 큰 공간이었다. 전실, 본실, 후실로 볼 수도 있는 세 개의 직사각형 레고 블록을 연결해 놓은 형태의 공간에서 동네 사람들은 끼리끼리 모여 아침을 먹고 한담을 나눴다. 전문직보다는 대부분 농업이나 축산업 등에 종사하는 사람들 또는 은퇴자들이라 그런지 그네들의 아침 복장은 바로 일터에 나갈 수 있는 자유롭고 편한 스타일 그 자체였다. 긴 가죽 부츠에 카우보이 모자를 착용하고 목소리가 걸걸한 중년 여성도 단골 중 한 사람이었다. 오전 시간이 마감되고 점심 때가 다가오면 카페는 어느샌가 나이 든 동네 사람들에서 해맑은 대학생들로 단골이 교체되었다. 무대는 동일했지만 새로운 주인공이 나타나면서 카페는 한담 장소에서 준準도서관이나 준準연구실로 자연스럽게 바뀌었다. 터널은 사실 빈의 커피하우스처럼 시간대에 따라 자연스럽게 이용객이 바뀌었다. 다만, 터널의 경우는 대학가라 그렇겠지만 빈의 커피하우스에서 볼 수 있는 오후 4시경에서 6시경까지 주부들의 여가 시간인 야우제Jause의 모습은 없었다.

윌리엄스대의 연구실 사정이 빠듯해서 연구교수로 14개월을 체류하는 동안 처음 6개월은 개인 연구실 없이 지냈던 나는 터널이 곧 아침부터 저녁 6시까지 나의 연구실이었다. 터널 점주의 배려였던지 아니면 일손이 귀해서 그랬던지 주말에는 동네 마운트그레이락고등학교 여학생 두 명이 서빙 등 시간제 아르바이트를 하곤 했다. 그중 한 명은 나와 금요일 점심 파트너였던 윌리엄스대 정치학과 교수의 딸이었는데, 용돈을 자신이 벌어서 쓰는지 주말 시간 중 상당 부분을 터널에서 아르바이트를 하며 보내고 있었다. 터널은 결국 서로 어느 정도 알고 가볍게 인사하며 지내는 공간, 즉 대학촌 커뮤니티의 한 장소였다.[41] 물론, 매사추세츠주 윌리엄스타운에 소재한 윌리엄스대는 리버럴 컬리지로는 미국에서 랭킹 1위를 잘 놓치지 않는 명문대이고 학교 재정 사정도 좋은 편이라 캠퍼스 한가운데에 멋진 디자인의 스튜던트 센터가 있었다. 하지만 그 분위기와 터널의 분위기는 사뭇 달랐다. 터널은 윌리엄스대가 위치한 윌리엄스타운의 다양한 구성원들이 다양한 목적으로 찾고, 따라서 그 속에서는 다양한 세대와 계층의 이야기들이 자유롭게 오고 가지만 그 어느 이야기도 다른 삶들의 이야기를 끊지 않는 보이지 않는 조화가 이루어지는 그런 공간이었다.

지난 20년 사이, 우리 사회에서 가장 큰 변화 중 하나를 꼽으라면 나는 기꺼이 커피COFFEE라는 영문 철자가 출입문 창에 다양한 디자인으로 프린트되어 있는 커피 가게들의 수적 확대와 카페 문화의 확산이라고 말하고 싶다. 어느 날 갑자기 우리 사회에 커피숍 또는 카페가, 약간 과장해서 표현하자면, 한 집 건너 한 집 형태로 생겨났다. 사람들이 많이 다니는 교차로는 말할 것도 없고 동네 한구석에도 그 명칭이 어떻든 커피를 핵심 상품으로 고객에게 내놓는 가게들이 우후죽순처럼 생겨났다. 일반 식당에 비해 크게 손이 가지 않고 원료도 비교적 단순해서 베이커리와 커피를 함께 파는 가게들이 다양한 규모로 이곳저곳 생겨났을 것이다. 그런데 왜 우리 삶에 커피 가게들이 이렇게 짧은 시간에 이렇게 많이 생겨난 것일까라는 점을 제대로 들여다보기 위해서는 공급자 입장보다 수요자 측면의 시각이 요구된다. 식당보다 손이 많이 가지 않고 원료도 단순하고 마진에서도 커피보다 못하지 않은 아이스크림 전문 가게나 전통 찻집 등은 지난 20년 사이 그렇게 많이 생기지 않았기 때문이다.

수요 측면에서 우리나라 사람들의 커피 사랑이 예사롭지 않다는 것을 우선 생각해 볼 수 있다. 하지만 커피를 꼭 커피숍이나 카페에서 마셔야 하는 것도 아니고 자판기나 편의점 등에서도 싸고 편하게 구입할 수 있는 상품이 커피라는 점을 고려하면, 커피 그 자체에 대한 기호나 애착이 커피숍이나 카페의 급증 현상을 설명하는 핵심 요인은 아닌 것 같다. 따라서 커피숍이나 카페가 우리 주변에 갑자기 많이 생긴 것은 그것이 제공하는 특별한 서비스 또는 공간 그 자체에 대한 수요가 우리에게 넓고 깊게 내재해 있었던 것이 아닌가 추론해 볼 수 있다. 마치 빙산처럼, 거대한 몸체의 대부분이 물속에 잠겨 있었던 '특정 서비스와 공간에 대한 수요'를 물 밖 형태와 징후만 보고 새로운 사업 기회로 포착한 스타벅스Starbucks의 하워드 슐츠Howard Schultz 같은 사람이 있었기 때문이다. 따라서 그네들의 예지력에 의해 물 밖으로 온전히 드러난 것이 커피숍이나 카페가 제공하는 특별한 서비스 또는 공간에 대한 수요가 아닌가 싶다.

1987년 하워드 슐츠가 스타벅스를 인수하기 전 미국에서 커피는 주로 집에서 만들어 마시는 것, 레스토랑 또는 간편 샌드위치 가게 등에서 본메뉴나 샌드위치와 곁들여 판매되는 음료 정도로 인식되었다. 적어도 다양한 선택이 가능한 커피 전문점이나 스타벅스 체인 형태의 발전은 없었다. 하워드 슐츠가 인수하기 전 최초의 스타벅스 역시 커피 원두를 판매하거나 원두를 볶아서 판매하는 회사였다. 그런데 지금 우리 모두가 알고 있듯이 현재의 스타벅스는 미국인들에게 가정과 일터와는 또 다른 안락한 장소로 인식되고 있다. 커피 가게가 커피를 고객의 기호에 맞춰 다양하게 제공할 뿐만 아니라 사회적 욕구를 충족시켜 줄 수 있는 공간으로 자리매김하게 된 것은 그 자체로 혁신이다. 한국형 스타벅스는 미국형 고객 선택성과 안락함을 유지하면서 고객 편의성을 한층 더 강화한 것이다. 한국적 혁신인데, 한국형 스타벅스는 미국형 스타벅스에 비해 대부분 좌석 수가 훨씬 많고, 따라서 매장의 규모 역시 훨씬 더 크다. 그 결과 한국 실정에 맞는 한국형 스타벅스는 한국 사회에 잘 자리 잡았고 매장의 숫자도 현재 1,000개를 넘어 계속 확대되고 있다. 더욱이, 한국에서 스타벅스는 그 자체 매장의 숫자보다 훨씬 더 많은 유사 커피 전문점의 발전을 촉진시켰다. 고객의 선택권을 강조하는 미국 스타벅스의 커피 문화에, 충분히 쉴 수 있는 편의 공간 제공이라는 편의성을 더욱 강화한 한국형 스타벅스의 마케팅 전략은 한국의 커피 문화를 선도적으로 바꾸었음에 틀림없고 대중의 호응도도 매우 높다. 그런데 이 추론이 맞다면, 우리는 커피숍이나 카페가 제공하는 공간에 대한 수요가 원래부터 잠재되어 있었고, 공급자 역시 커피라는 매체를 통해 그 공간 수요에 부응하고 있는 것이다. 그렇다면 왜 우리나라 사람들은 커피숍 또는 카페 공간에 이렇게 열띤 반응을 보이는 것일까?

오래전 도시사회학자인 레이 올든버그Ray Oldenburg는 『대단히 멋진 장소: 제3의 장소*The Great Good Place: The Third Place*』라는 저서에서 '제1의 장소'인 집과 '제2의 장소'인 일터와 대비해서 특정한 목적 없이 다양한 사람들이 어울릴 수 있는 '제3의 장소'에 주목했다. 사람은 집이나 일터 또는 학교에서의 존재와 역할만으로는 충분치 않은 복합적 존재로서, 그곳에서 제대로 충족하지 못했던 또 다른 사회적 활동 욕구를 '제3의 장소', 올든버그에 따르면 '비공식적 공공생활'에서 추구한다는 것이다. 올든버그는 비공식적 공공생활을 통해 우리가 스트레스로부터 탈출하고, 권태로운 일상으로부터 도피하며, 무한경쟁의 일상 속에서 잠시나마 숨 돌릴 수 있는 여유를 얻게 된다고 하였다. 따라서 그 비공식적 공공생활의 쇠퇴로 우리는 공동체 의식의 상실이나 고독감 등을 느끼게 되었다는 것이다. 밑변이 삼각형인 피라미드 꼭대기가 삶의 질적 수준을 나타낸다면, 그 바탕이 되는 삼각형의 세 꼭짓점이 집, 일터, 비공식적 공공생활의 장소가 된다. 그런데 비공식적 공공생활의 장소가 쇠퇴하면서 피라미드의 한 디딤대가 붕괴되고 결국 삶의 피라미드 전체가 불안정하게 되었다는 것이다.

고대 로마의 유적을 살펴보면 어느 곳이나 욕장이 있다. 도시의 먼 외곽 산악지대에서 거대한 도수관을 통해 신선한 물을 조달했던 로마인이 그 귀한 물로 목욕만 했나 생각할 수도 있지만 로마 시대의 욕장은 도서관과 박물관, 연회장, 정원 등이 복합적으로 구성된 로마 문명의 상징이고 레저의 중심이었다. 로마 시대는 일과 여가가 명확히 구분된 시대는 아니었다. 하지만 시민으로서의 삶은 공적인 생활과 사적인 생활로 구분되어 있었고 활동 시간과 공간도 달랐다. 공적 생활은 오전에 정치적인 목적에서 열리는 광장 집회나 대중 집회에 참석하는 것이었고, 사적 생활은 오후에 목욕탕에 모여 유희를 즐기거나 원형 경기장에서 전차 경주 등을 즐기는 것으로 구분되어 있었다. 현대인의 관점에서 보면 로마인들의 삶은 업무 공간과 여가 공간이 구분되어 있었고 업무 시간과 여가 시간 역시 나뉘어져 있었다. 그리고 여가 시간에는 지금의 복합 문화 공간이라 할 수 있는 욕탕이나 문화 시설에서 비공식적 공공활동인

독서·토론을 하거나 공연을 관람하면서 시민으로서의 '나'를 발전시켜 갔던 것이다.[42]

현대판 비공식적 공공생활의 장소는 카페나 마을 도서관 그리고 동네 서점, 맥주집, 피트니스 센터, 헤어 살롱, 갤러리 등이다. 유현준 교수는『도시는 무엇으로 사는가』라는 저서에서 우리 사회에 카페와 모텔이 많은 이유로서 우리의 현재 주거 형태가 사람들이 필요로 하는 사적 공간에 대한 수요를 채워줄 수 없기 때문이라고 보았다. 인류는 선사시대부터 동굴 생활을 하며 모닥불을 피워 놓고 그 주변에 둘러앉아 음식도 먹고 이야기도 나누고 자신들이 중요하게 생각하는 것들을 그림으로 표현하곤 했다. 인류의 초기 주거 형태는 동굴이고 그 중심에는 붉은빛으로 활활 타는 모닥불이 있었다. 현대인들의 경우 집의 중심은 거실이고 그 거실의 중심에는 텔레비전이 놓여 있고 가족들은 모두 거실에 모여 앉아 움직이는 모닥불의 변형 형태라고 할 수 있는 텔레비전 화면을 들여다본다. 사람들이 사는 모습은 수만 년의 시간이 흘러도 그 기본적인 틀은 크게 바뀌지 않은 것이다. 다만 경제가 발달하고 문명이 발전할수록 개인주의 및 욕구 수준은 더 팽창하게 되고, 그 과정에서 사적 공간에 대한 수요는 더욱 확대된다. 그런데 우리의 주거 형태는 그 사적 공간에 대한 수요를 제대로 따라가지 못했다. 부족한 거실에 대한 수요를 대체해 줄 공간으로서 카페에 대한 수요가 팽창했고, 파트타임 거실로서 모텔이나 노래방, 비디오방, PC방 등의 문화가 형성된 것이 아니겠느냐고 그는 진단한다.

우리의 사적 공간의 공급이 수요에 못 미친다고 보는 진단은 설득력이 있다. 하지만 그렇다고 해서 지금보다 사적 공간의 공급을 절대량에서 두 배 또는 세 배로 확대하면, 카페나 모텔 등에 대한 수요가 그에 상응해서 줄어들게 될까를 생각해 보면 그 답은 아마 '노No'일 것이다. 이 문제는 상당 부분 각자의 아파트나 주택의 평수를 늘린다고 해결될 수 있는 사안이 아니다. 대부분의 사람들은 카페에 커피를 마시기 위해서만 가는 것이 아니라 여러 사람들과 이런저런 목적으로 대화를 나누기 위해 가는 것이다. 연인이나 친구를 만나고 비즈니스 상대를 편하게 마주하며 때로는 책이나 신문을 편하게 볼 수 있는 공간을 찾아서 가는 것이다. 그 공간은 올든버그의 표현에 따르면, 수평화 작용의 무대로서의 '레벨러leveler' 기능을 수행해서 모두가 비교적 동등한 위상에서 서로를 대할 수 있게 하는 곳이다. 따라서 그곳에서는 소위 '느슨한 사교'와 '느슨한 대화'가 용이하다. 카페 같은 제3의 공간에서의 격의 없는 대화는 각자가 가지고 있는 정체성의 조임쇠를 느슨하게 풀어 놓을 수 있게 한다는 것이다. 서로 간의 사이를 가로막는 경직된 경계성을 허물어 버리고 우애의 분위기를 만들어 갈 수 있는 것이다. 사실 무계획적·불규칙적·비조직적·비구조화된 만남을 통해 우리는 서로 깊은 우애를 쌓고 사회적 소속이나 혈연관계를 넘어서는 공동체의 가능성을 열어 갈 수 있다. 이런 관계에서 얻게 되는 피로는 개개인을 고립시키고 타자와의 관계를 파괴시키는 '자아피로'가 아니라 프란츠 카프카Franz Kafka가 말한 소위 '치유적 피로'의 형태에 해당한다. 이는 더불어 살아가는 건강한 피로이고 세상을 신뢰하는 피로에 해당한다.[43] 물론 그런 대화 과정에서 서로서로 사회화의 중요한 ABC를 알게 모르게 학습하게 된다.[44] 우리는 다른 나라 사람들에 비해 규율화된 삶에 비교적 익숙하지만, 그렇다고 해서 규율화된 삶을 즐기는 것은 아니다. 심리학자들의 조사 결과에 따르면, 우리는 학교나 직장에서 보내는 시간을 경쟁 위주로 인식하기 때문에 거의 즐기지 못하고 있다고 한다. 우리 삶의 대부분의 시간을 학교나 직장에서 보내면서 그 시간을 나의 발전이나 친구나 동료와 함께 성장하는 기회로 인식하는 것이 아니라 대학 진학이나 돈벌이의 수단 내지 과정으로만 받아들이고 있다는 것이다. 어떤 행위가 특정 목적, 특히 직간접적인 물질적 보상 위주로 치우치게 되면 누구도 그 행위를 즐기면서 하기는 어렵다. 학교나 직장 생활을 대학 진학이나 월급과 전적으로 별개로 생각하는 사람은 없겠지만 그런 목표에만 매달리는 사람은 학교나 직장 생활을 바람직하게 만들어 가기가 어려워진다.

올든버그는 비공식 공공생활의 공간인 제3의 장소의 특성이자 기능으로 여러 가지를 언급했다. 그가 강조한 제3의 장소의 기능들은 주민 통합 기능, 동화 기능, 분류 기능, 본부 기능, 교류 내지 공존 기능, 재미 기능, 토론의 장소 기능, 사무실 기능 등이다. 2018년 tvN에서 16부작으로 인기리에 방영되었던 드라마 〈나의 아저씨〉를 보면 동네 술집 '정희네'가 있다. 그곳은 사회적으로 그렇게 성공하지 못한, 사실 대부분 실패한 이들의 일상을 따뜻하게 안아 주는 장소로서 올든버그가 규정한 제3의 장소의 기능들이 오롯이 담겨 있다. '정희네'는 박상훈, 박동훈, 박기훈이라는 박씨네 3형제와 그들의 동네 친구들이 일상적으로 만나 술 한잔에 웃고 신세타령하며 부담 없이 서로 얘기를 나누는 장소다. 올든버그의 표현으로는 "삶을 떠받치는 어울림의 장소"가 정희네다. 그곳 핵심 단골은 박씨네 3형제와 은행 부행장, 제약회사 이사, 연구소 실장 등으로 잘나가다가 지금은 미꾸라지 수입업자, 배수, 모텔 소모품 납품업자로 전락한 끈 떨어진 아저씨들이다. 어느 날 그들 앞에 막내 박기훈의 전 애인인 젊고 예쁜 여배우가 나타난다. 그녀는 신인 때 잘나가다가 지금은 좀 망가졌지만, 그래도 그 장소를 빛나게 하기엔 충분한 인물이다. 그녀는 역설적이게도 사회적으로 잘나지 못한 사람들의 모습을 통해 나름대로 심적 위안을 얻는다. "인간은요. 평생을 망가질까 봐 두려워하면서 살아요. 전 그랬던 것 같아요. 처음엔 감독님이 망해서 정말 좋았는데, 망한 감독님이 아무렇지 않아 보여서 더 좋았어요. 안심이 됐어요." 인간이 진정으로 위로받을 때는 신영복 교수의 이야기처럼 누군가 우산을 빌려줄 때가 아니라 자신과 함께 비를 맞는, 즉 나와 같은 처지가 될 때인 것이다. 그들은 '정희네'에서의 자연스런 만남과 후계동 조기 축구회 활동을 통해서 그들 나름의 공동체를 구축하고 그들 나름의 커뮤니티로 통합된다. 동네에 새로운 사람이 이사 오면 신참은 '정희네'를 통해 자연스럽게 공동체의 일원으로 스며들게 되고 동화assimilation가 이루어진다. 동네 사람들 모두가 서로를 좋아할 수는 없지만 모두가 서로 편하게 지내는 법을 배우게 된다. '정희네'와 같은 제3의 장소는 다양한 사람들이 참여할 수 있지만 재미있는 대화는 어차피 끼리끼리 진전되고 소집단으로 나누어지고 분류된다. 물론 지역사회의 공통 사안이 생겼을 경우 '정희네' 형태의 제3의 공간은 다양한 사람들이 집단행동을 하는 거점 내지 본부가 된다. '정희네'에서 공동체 활동의 열쇠는 술집 주인인 정희다. 그녀는 사랑하는 사람이 스님으로 출가를 해 버려 자신의 사랑을 실현할 수 없는 비련의 인물이지만, 동네 사람들 모두에게 연인이자 누님, 여동생이 될 수 있는 그런 인물이다. 흡사 미국 도시계획

가이자 사회운동가인 제인 제이콥스Jane Jacobs가 『위대한 미국 도시들의 죽음과 삶*The Death and Life of Great American Cities*』에서 동네 사람들을 모두 알고 지역의 일에 두루 신경 쓰는 사람으로 주목했던 공적 인물public character의 역할을 그녀는 나름대로 훌륭하게 수행한다. 사실 제3의 공간은 윌리엄스타운 스프링 스트리트 끝에 있는 카페 터널TUNNEL에서의 비정형적인 회동처럼, 흡사 강물과 바닷물의 접점같이 세대 간에 자연스럽게 섞이고 이야기를 나누는 기회를 창출해 낸다. 이와 같은 과정들에서 재미가 덧붙여지면 제3의 공간은 더 확장된다. 올든버그의 지적처럼 제3의 장소는 경우에 따라 집보다 더 집 같을 수가 있다. 집다움homeness이란 내가 소유하고 통제하고 있다는 측면에서의 내 것, 스트레스를 풀고 사회적 기력을 되찾는 곳, 나의 목소리를 가감 없이 낼 수 있다는 측면에서 마음 편하고 자유로운 곳, 서로 지지와 관심을 나타낸다는 측면에서 따뜻한 곳, 나를 뿌리내리게 하는 곳 등인데, '정희네'에서 우리가 거의 대부분 공감할 수 있는 것들이다.

올든버그는 미국 사회에서 공동체가 쇠퇴하면서 주민들의 삶이 상당 부분 짜증스럽고 파편화되었음을 우려했다. 집들이 모여 있다고 해서 공동체가 저절로 만들어지는 것이 아닌데, 도시와 농촌의 장점을 두루 갖춘 교외 주거 단지를 만듦으로써 정서적 불안과 불만을 잉태한 지루하고 건조한 삶의 공간을 탄생시켰다는 것이다. 좋은 삶이란 성공적인 공동의 삶을 포괄하는 개념이다. 그런데 개별적인 생존이나 안전, 성공에 대한 관심 때문에 살고 싶은 교외 동네를 만들고자 했던 노력이 사실상 모두를 가두는 감옥을 만든 꼴이 아니냐는 것이다. 규격화된 주거 단지에는 가족과 친구의 협소한 범위를 넘어서는 형태로의 이웃 간의 상호작용이 일어날 수 있는 장소가 거의 없다. 이웃끼리 우연한 만남의 공간이나 대규모 회합의 공간이 거의 없으므로, 이웃 간의 교류는커녕 이웃을 보기조차 힘들다. 실상 '아는' 사람도 없다.

살고 싶은 동네가 무엇인가에 대해 올든버그는 "빈에 살 때는 외출이 잦다. 걸어갈 수 있는 거리에 콘서트홀과 두 개의 오페라 극장이 있고 연극을 볼 수 있는 공연장, 다양한 식당과 카페, 가게도 많기 때문이다. LA에서는 오랜 친구를 만나려면 먼저 약속을 잡아야 하지만, 빈에서는 길을 걷거나 카페에서 우연히 친구를 만나게 되곤 한다"[45]라고 하였다. 그는 미국 사람들의 행동반경을 가정과 일터에 국한시키고 그 외의 영역이 비집고 들어올 틈을 없애 버린 것이 거대한 실수라고 본다. 비공식적 공공생활의 여지를 없애 버림으로써 사람들은 오히려 일과 가족에게서 너무 많은 것을 얻고자 한다는 것이다. 휴식이나 여가를 위한 시설과 수단이 사적 소유와 소비 대상이 됨에 따라 생활비도 더 많이 든다. 따라서 그는 물질적인 소유와 편안함을 추구하는 가운데 지루함과 외로움, 소외감, 가격표로 가득한 라이프 스타일을 갖게 되었다고 본다. 철학자 한병철 교수 역시 『피로사회』에서, 현대사회는 긍정성이 충만한 성과사회이고 성과사회의 인간은 중단하는 본능 없이 끝없이 성과를 향해 나아감으로써 자기 자신에 대한 착취 내지 소진으로 귀결되는 모순 구조를 가지고 있음을 지적한다. 한편으로 거의 찢어질 정도로 팽팽하게 자아로 무장하고, 또 다른 한편으로는 신과 피안에 대한 믿음뿐 아니라 현실에 대한 믿음까지도 상실하게 됨에 따라 역설적으로 인간 삶이 극단적인 허무 속으로 빠져 버리게 됨을 한병철은 우려했다. 과잉 활동, 노동과 생산의 히스테리는 바로 극단적으로 허무해진 삶, 벌거벗은 생명에 대한 반응의 형태라고 그는 규정한다. 우리 정신도 육체처럼 균형 잡힌 식단과 운동으로 건강해질 수 있는 것이라면, 소외, 짜증, 무료함 또는 갈증을 해결해 주는 정신적 영양 요소와 운동은 그에 맞는 경험을 필요로 한다고 보아야 한다.

사람이 사람답게 살아가는 데 필수적인 공간적 요건으로서 올든버그는 틈새 공간 내지 중립 지대의 필요성을 역설한다. 아이들이 길에 나와 놀고, 자동차가 보행자를 밀어내지 않고,

삶의 공간에서 여백이 있고, 함께 어울려서 즐길 수 있는 활기찬 동네가 필요하다는 것이다. 그에 따르면, 산업화된 도시 사회의 구조는 구획화compartmentalization 현상 등으로 양질의 인간관계를 형성하기에 부적합한 구조다. 산업화의 핵심 명제인 효율화 과정에서 사람들이 자신이 귀속된 집단에 속하지 않는 사람들의 "관심, 견해, 습관, 문제, 좋아하는 것이나 좋아하지 않는 것"에 대해 무지해지는 현상이 바로 산업화 과정의 구획화 현상이다. 동시에 심리학자들이 인지편향cognitive bias이라고 부르는 증상으로, 개인들이 자신이 무엇을 필요로 하는지, 어떻게 하면 그것을 충족할 수 있는지를 잘 알고 있다고 착각하는 현상이 수반되었다고 본다. 결과적으로, 오늘날 미국 사회는 제2차 세계대전 후 그 어느 때보다 부유하고 미국인들의 평균적인 1인당 주거 공간도 그 어느 때보다 넓지만, 지역 공동체로부터 개인이 분리됨으로써 그 어느 때보다 각자의 삶은 사유화되었고 사회 전체적인 고독감과 소외감은 더 높아졌다. 그래서 그는 삶의 질을 높이기 위해서 일상생활에서 가정, 직장, 지역 공동체라는 세 가지 다른 경험 영역이 적어도 균형을 이루어야 한다고 강조한다. 그와 같은 균형 상태에서의 교류를 통해 우리는 편안함과 충족감을 함께 느낄 수 있다는 것이다.

오래전 패트릭 골드링Patrick Goldring은 『닭장 사회*The Broilerhouse*

Society』라는 흥미로운 책에서 공동체의 삶이 결여된 닭장 인간의 삶에 대해 우려를 표명했다. 닭이 닭답게 사는 것은 농장 이곳저곳을 마음대로 돌아다니며 모이를 쪼아 먹고 털을 고르고 졸기도 하며 자연 속에 사는 것이다. 그런데 산업사회에 들어와 닭을 보다 효율적으로 사육해서 보다 짧은 시간에 보다 많은 육계와 계란을 얻으려다 보니, 병아리들은 부화에서부터 성장하고 계란을 낳고 육계가 될 때까지 과학적 원칙에 따라 고도로 통제되고 관리되는 삶을 살아가게 되었다는 것이다. 밤낮의 변화까지 인공 조명에 의해 관리되고, 최소한의 움직임만 허용되는 최소한의 공간에서 맛도 향도 선택의 여지도 없는 사료만 먹고 살게 된다. 그런데 더 큰 문제는 이와 같이 통제되고 관리되는 삶의 패턴이 닭에게만 한정되는 것이 아니라 우리 인간에게도 빚어지고 있다는 것이다. 정돈된 삶이지만, 실상 맛도 향도 없는 일상이 닭장 속의 닭의 삶처럼 전개될 수 있다는 것이다. 골드링에 따르면, 우리 삶의 패턴이 하나의 동굴(집)에서 또 다른 동굴(일터)로 정해진 통로를 따라 왔다 갔다 하는 식으로 고착되고 있는 것은 아닌가 하는 것이다. 사람이 사람답게 사는 것은 집과 일터만을 왔다 갔다 하는 것이 아님은 분명하다. 가정 생활도 중요하고 먹고살기 위해서 일터로 나가는 것도 중요하지만, 건강한 삶을 오래 유지해 나가기 위해서는 다른 부분이 함께 필요하다는 것이다. 특히, 집과 일터를 왔다 갔다 하면서 하늘도 보고 들꽃도 느끼고 동네 사람들도 자연스럽게 만나야 한다. 그런데 뜨거운 햇볕과 찬바람을 피할 수 있게 한다면서 집과 일터를 연결하는 전용 튜브만을 견고하게 만든 것은 아닌가 하는 점이다. 휴식이나 여가를 위한 홈 엔터테인먼트 장비나 수단이 모두 집 안으로 들어오게 되면 우선 각자 돈이 더 많이 들게 되고, 양질의 삶이란 돈을 주고 각자 구매해야 하는 것이란 착각을 하게 된다. 그 과정에서 우리 각자는 서로 더 많이 가지기 위해 경쟁하고 배척하게 될 것이다. 그리고 그와 같은 해소되지 못한 사회적 긴장은 일터와 가정에 또 다른 부담을 덧얹게 될 것이다. 삶의 여러 가지 색깔을 우리가 직접 느끼고 체험하는 것이 아니라, 집안 거실 한가운데 자리 잡은 텔레비전에서 광고하는 상품과 서비스의 소비를 통해 '멋진 삶'과 개인적인 성취가 이루어진다는 환상을 좇고 있는 것은 아닌가 하는 것이다. 텔레비전이 우리의 삶을 대신 살아주는 것이 아닌데, 관리되는 삶을 자신이 진정으로 원하고 있었던 삶으로 착각하게 만드는 관리 체계의 무서움을 골드링은 지적한다. 사람들이 현실 '정글'에 나갈 필요도 없고 그러고 싶지도 않다고 믿게 만드는 것이 진정 문제라는 것이다.

올든버그는 어떤 사유로든 제3의 공간이 쇠퇴하게 되면 피라미드의 나머지 두 개의 디딤돌이 더 강해지는 것이 아니고 오히려 취약하게 될 수 있음을 지적했다. 비공식적 공공생활에서 못 얻었던 것을 가정이나 일터 등에서 얻으려다 보니 가정이나 일터에 과잉 의존하게 되고 역설적으로 가정의 해체나 일터에서의 소외감을 더 강화시키게 된다는 것이다. 미국의 한 정신과 의사가 『수동적인 남성, 억센 여성*Passive Men, Wild Women*』에서 강조한, 불만스러운 사회적 환경이 아내로 하여금 남편에게 너무 많은 것을 기대하게 만들고 지나친 아내의 행동은 남편에게 실망을 안겨 줌으로써 부부 생활의 불안정성을 높인다는 지적도 동일한 맥락이다. 가정 생활의 어려움을 중화해 줄 수 있는 기회나 통로를 상실하게 되면서 홈 엔터테인먼트에 집착하고 정신과 의사에게 상담도 받아 보지만 오히려 돈 들여서 더욱 고립되는 악순환에 빠질 수 있다. 신영복 교수는 『냇물아 흘러흘러 어디로 가니』에서, '아픔을 나누는 삶의 중요성'을 지적한다. 그는 스웨덴 기행에서 "훌륭한 시설을 갖춘 노인 복지관의 할머니는 생면부지의 여행자인 나를 붙잡고 놓아주려 하지 않았다"라고 하며, 첨단의 편의 시설들이 오히려 비정한 모습으로 비쳐졌다고 이야기했다. 안락하되 삭막하고 무기력한 삶을 그는 복지국가인 스웨덴에서 보았던 것이다. 아내와의 다툼에 대해서 동료에게 이야기하면 그 아픔과 낙담을 들어 주지 않고, 이야기를 채 잇기도 전에 정중하게 그 사안은 전문가에게 가서 상담하라고 권유하며 이야기를 중간에 끊어 버리면 삭

막한 관계인 것이고 그들 간의 비공식적 관계 역시 사실상 단절되는 것이다. 이처럼 문제를 신속하고 정확하게 해결하는 것만이 능사가 아닌데, 기능주의 사회에서 기능주의 해법이 안고 있는 문제점은 아픔의 공유와 치유를 위한 공동 노력이 안고 있는, 눈에 보이지 않는 장점을 보지 못할 수 있다는 것이다.

덴마크 사람들의 '휘게hygge' 문화에 대해서 최근 말이 많다. 「2018년 세계 행복보고서World Happiness Report」에 따르면 덴마크는 조사 대상 156개국 중 3위[46]에 랭크되어 있는데, 그네들의 '휘게' 문화가 웰빙의 열쇠로 알려져 있다. '휘게' 문화는 일상 속의 소소한 즐거움에서 오는 행복을 중시하는 것이다. 최근 『뉴스위크』 한국판 '덴마크는 왜 행복의 나라일까?'에서 마리 헬베그-라르센 교수는 '휘게'를 '일상 속 소소한 즐거움에서 오는 행복'이라고 설명한다. 고품질의 사회적 상호작용을 지칭하는 것으로, 2017년 6월에 옥스퍼드 영어사전에 새롭게 등재된 단어다. '휘게'는 때때로 '아늑하다', '편안하다', '친근하다'라고 번역되고 있지만, 포인트는 '의도적인 편안함'이다. 겨울철 벽난로 앞에서 친구와 함께 커피를 즐기는 시간, 여름철 공원에서 친구들과 느긋하게 즐기는 소풍 경험 등이 이에 해당한다. 올든버그가 독일계 미국인의 라거비어 가든에서 언급한 '게뮈틀리히카이트Gemütlichkeit'가 휘게와 비슷한 개념이다. 문제는 어려울 때 쉽게 의지할 수 있는 사람을 찾을 수 있느냐인데 이것은 1인당 GDP나 실업률 같은 지표로만 나타나는 것은 아니다.

고대 그리스에서 불과 화로의 여신 헤스티아는 가정의 신이고, 헤르메스는 전령의 신이자 상업의 신이었다. 그 둘 사이에 균형이 이루어질 때 고대 그리스인들은 인간의 삶이 안락하고 풍요해질 것으로 믿었다. 그 시대에는 일과 여가의 구분이 없었고 사람들은 일의 관계를 통해서 사회적 관계도 함께 이루어 왔다. 하지만 현대 고도산업사회에서의 우리는 극도로 분화된 노동 관계에서 사회적 관계의 단절을 경험하고 있다. 어쩌면 한병철 교수가 『피로사회』에서 강조했듯이 우리 사회는 규율 사회에서 성과 사회로 이행했고, 타율적 강제에서 자율적 강제 내지 자기착취 형태의 노동 관계로 이행하고 있는지 모른다. 심리적 경색으로 이어지는 신경성 폭력은 내재성의 테러이자 자기착취의 결과로 우울증과 소진증후군 같은 질환을 앓고 있는 것이다. 비공식적 공공생활의 확대·강화를 통해서 가정과 일터의 밸런스를 찾고 내재성의 테러를 스스로 극복해 나가는 것은 현대인 모두에게 던져진 숙제임이 분명하다.

AI 도덕

AI에 의해 리얼타임으로 강제되는 도덕 규범이 아니라,
이성에 토대한 깨달음의 과정에서 우리 각자가 무엇을 해야 하는지
어떤 일을 하지 말아야 하는지를 알게 되고,
그와 같은 내면의 목소리를 따르고 경의하는 과정에서 한 인간 삶의
자유의 가치 내지 자유의 실현을 진정으로 이루어 갈 수 있을 것이다.

밤낮을 불문하고 요즘 도심 가로를 걸어 다니는 것 자체가 편치 않다. 총이나 칼을 든 강도가 많아서 그런 것은 물론 아니다. 오토바이와 자동차 그리고 전동 바이크 등이 기본 운행 질서를 잘 지키지 않는 탓에 보행자의 안전이 말이 아니다. 보행자들 역시 횡단보도 녹색 신호등도 제대로 지키지 않는 경우가 있어 운전자들에게 그렇게 큰소리칠 입장은 못 된다. 많이 좋아졌지만, 아직 야간의 도심 가로에는 누가 뿌렸는지 광고 명함과 광고지가 흩어져 있다. 다양한 형태의 도심 질서 위반 사례는 현대 도시 생활에서 우리가 거의 일상적으로 경험하는 골칫덩이다. 우리나라만의 문제는 아니지만, 모든 나라에서 도심 질서 문제가 동일한 정도로 나타나는 것은 아니다. 동양 사회에서는 싱가포르와 일본이 도시 생활 규범 또는 규칙을 잘 준수하는 모범 국가다. 아마 한국과 대만이 그다음 순서를 차지하고, 중국은 그렇게 양호한 편은 아닐 것이다. 왜 이런 사회적 규범 또는 규칙 준수에서 국가 간 차이가 발생할까? 만약 모든 나라에서 사회적 규범 또는 규칙 준수가 동일한 정도로 나타난다면, 현상 자체가 불만족스럽다 하더라도 그것은 인간 자체의 한계일 가능성이 크므로 그냥 참고 사는 수밖에 도리가 없다. 그런데 만약, 법적 처벌 수위에 따라 사회적 규범 또는 규칙 준수에 차이가 난다면, 여러 가지 사회적 상황을 고려해서 법적 처벌 수위를 올리거나 내리는 식으로 사회적 강제 기준을 조절해 가는 것이 답이 될 수 있다. 그리고 법적 처벌 수위는 비슷한데 국가에 따라서 사회적 규범 내지 규칙 준수 정도에 차이가 있다면, 우리는 그 원인이 무엇인지를 보다 깊이 살펴볼 필요가 있다.

삶의 여러 가지 자잘한 사안들을 모두 법으로 규제해서 풀어 가는 사회는 좋은 사회가 아니다. 법적 규제는 무료가 아니고 자잘한 생활 문제들까지 법적 규제로 풀어 가는 사회는 피곤한 사회이자 거래 비용이 높은 비효율적인 사회다. 무엇보다도 한번 법적 규제를 적용하면 그 자리에 사회적 규범이 다시 들어서기 어렵다.[47] 따라서 가능한 범위에서 최대한 사회적 규범에 의해 우리 삶 속의 이런저런 문제를 헤쳐 가는 것이 답이다. 현실에서 우리가 느끼고 있듯이, 사회적 규범 및 규칙 준수에서 국가 간에 상당한 차이가 나타나고 있다. 우리는 그 원인을 찾고 그에 따른 처방전을 실정에 맞게 마련하고 적용해서 삶의 질을 높여 갈 필요가 있다. 이제까지는 삶의 질을 높이기 위해서 동일한 과업을 보다 짧은 시간에 해낸다든지, 동일한 시간에 더 많은 생산량을 달성하는 데 대개 초점을 두어 왔다. 하지만 앞으로는 생산량과 일의 속도와는 별 상관이 없는 다른 것들, 예컨대 상대편에 대한 배려 내지 공감 그리고 그에 따른 실천 등이 중요할 것으로 보인다.

멸종 위기의 동식물을 보전하고 깨끗한 수자원을 다음 세대에게 물려주는 노력들은 그냥 저절로 이루어지는 것이 아니다. 지금은 초등학교 어린이들도 가만히 놔두면 바다가 미세플라스틱으로 오염되고, 주요 하천이 여름에 녹조로 뒤덮이고, 학교 앞 횡단보도조차 안전하지 않다는 것을 안다. 뭔가를 해야 하는 것은 분명하다. 그리고 현재도 뭔가를 하고 있다. 환경오염 행동을 자제해야 하고, 도로를 무단횡단하거나 보행 신호를 무시하고 운전해서는 안 되며, 도심 가로에 함부로 담배꽁초를 버리거나 광고지를 흩뿌려서는 안 된다는 것을 알고 있다. 아는 것과 행동하는 것이 다를 수 있다는 것이 쟁점이다. 몰라서 못 하는 경우는 대개 문제가 간단하다. 그에 대한 교육이나 홍보를 통해서 문제를 대개 쉽게 해결할 수 있다. 아는 것과 행동하는 것이 다른 경우가 진짜 문제인데, 그 경우는 크게 세 가지 정도로 압축할 수 있다.

우선, 알지만 현실에서 실천하기가 매우 어려운 경우다. 규율이나 제도 자체가 잘못되어 있는 경우가 그러하다. 자신이나 가족의 생존이 위협받게 되면 대개 사람들은 그 규율 또는 제도를 무시하고 행동을 하게 된다. 환경 기준이 너무 엄격해서 그 기준에 맞춰서는 사실상 생산 활동이 불가능한 경우, 고율의 사채 이자 등을 도저히 감당할 수 없어 야반도주하는 경우,

정부의 조세가 너무 가혹해서 수익을 속이는 경우 등이다. 조선이 몰락한 원인 가운데 하나였던 삼정의 문란 중 군역의 폐해 등이 이에 해당한다. 어린이와 노인에게까지 군역의 의무를 지우고 군포 납부를 강요하면 백성들은 막다른 골목에 설 수밖에 없다. 애초에 제도가 잘못 설계되어 현실과 전혀 맞지 않는 경우도 있다. 지하철 노조의 파업 행위에서 '준법투쟁'이 노동운동의 한 형태로 제시되는 경우가 이에 해당한다.

둘째, 실천이 어렵지는 않지만 위반을 통해서 얻는 이익 내지 편리함이 더 큰 경우다. 도심 가로에 담배꽁초를 함부로 버리지 않는 행동은 그렇게 어려운 것은 아니나 귀찮고 번거롭다. 담배꽁초를 길에 툭 버리는 행동은 아주 순간이고 간단하지만, 그것을 가방이나 호주머니에 넣어 집까지 가져가는 행동은 그리 간단하지 않다. 그 행동에 대해 사실상 아무런 제재가 없다면 더욱 그렇다. 도심 가로에 광고 명함이나 광고지를 흩뿌리는 것은 쉽고 효율적이다. 그런데 그것을 개개인에게 일일이 전달하거나 적합한 광고 매체에 싣는 것은 쉽지 않고 대개 비용도 만만치 않다. 가을 저녁, 불꽃놀이 후에 사람들이 어떻게 행동하는지에 대한 흥미로운 실태 분석 기사가 국내 주요 일간지에 게재된 적이 있다. 서울의 경우 음식물 쓰레기와 기타 쓰레기 투기량이 엄청나고 제대로 분리되지 않아 불꽃 축제

행사의 주최와 관리를 맡은 측에서 그다음 날 새벽까지 치운다고 곤욕을 치렀다. 그런데 같은 날 저녁, 이웃 일본 쓰치우라시土浦市 사쿠라강 불꽃 축제의 경우, 참석자 규모에서 큰 차이가 나지 않는데도 불구하고 쓰레기 투기 문제가 거의 생기지 않았다. 양국 국민들의 일상 행동을 규제하는 데 사회적 규범이든 법적 제재든 중요한 차이가 있는 것이다.

또 횡단보도에서 보행 신호에 맞춰 차량이나 오토바이를 멈추고 기다리는 것은 그렇게 어려운 일은 아니나 귀찮고 시간도 걸린다. 남들은 신호를 지키는데, 나 혼자 그 신호를 지키지 않고 '왱' 하는 소리를 내며 오토바이를 달려 가면 마치 내가 사회적 규율에 얽매이지 않는 '자유인'이 된 것 같은 쾌감도 있다. 약간 께름칙한 점이 없지는 않으나 신이 나는 것은 어쩔 수 없다! 더욱이, 독일 막스플랑크 진화인류학연구소 마이클 토마셀로 박사의 인간의 도덕적 정체성 모형에 따르면, 우리의 도덕에는 보다 포괄적인 형태로 해석적 정당화 보호 벨트가 존재한다.[48] 예컨대, 오토바이를 이용하는 배달 기사들은 자신의 행동에 대한 정당화 보호 벨트에 의해, '내가 교통 신호를 준수해서 모두의 안전을 지켜야 하지만, 지금 나는 배달 시간 여유가 별로 없고 오늘 수입도 우리 가족의 생계비로 부족하기 때문에 다른 사람들처럼 교통 신호를 제대로 지킬 필요가 없다'라고 해석할 수 있다는 것이다. 문제는 누군가의 명언처럼 행동이 습관이 되고, 습관이 성격이 되고, 성격이 운명이 될 수 있기 때문에 사회적 차원에서 개인의 도덕적 선택에 대해 우리가 관심을 갖고 논의하는 것이다. 더 나아가서 그와 같은 개인적인 행동이 그 사람에게만 한정되는 것이 아니고 주변의 다른 사람들이나 어린 학생들에게도 확장되고 영향을 미칠 수 있기 때문이다. 불꽃놀이를 즐긴 일본인들이 음식 찌꺼기나 쓰레기 봉지를 들고 먼 거리를 걸어간 것은 우연이 아니고 원래부터 그랬던 것도 아닐 것이다. 나중에 쓰레기를 치워야 할 사람의 수고나 고충에 대한 배려와 공감 그리고 올바른 행동을 하는 주변 사람들에 대한 동조 등이 결합해서 아름다운 행동을 빚어낸 것이다.

마지막으로, 위반자들에 대한 규제 메커니즘이 사실상 작동하고 있지 않는 경우이다. 위반 행위를 규제하는 제도적 메커니즘 자체가 미비한 경우와 함께, 위반 행위를 규제하는 제도적 장치는 마련되어 있는데 여러 사유로 실제 제대로 적발 및 처벌 행위를 하지 않는 경우이다. 도로 무단횡단을 단속하지 않고 도심 가로에 광고지를 흩뿌리고 담배꽁초를 함부로 버려도 아무런 처벌을 하지 않는다면 위반 행위의 건수와 빈도는 계속 늘어날 수밖에 없다. 이는 횡단보도에서 녹색 신호등을 기다리는 일부 보행자들이 신호를 무시하면 나머지 사람들도 빨간 신호등을 무시하고 그냥 따라 건너가는 것을 보면 금방 알 수 있다. 일종의 부정적인 집단행동 규범이 작동하는 것이다. 더욱이, 작은 위반 사항들을 계속 간과하게 되면, 그 위반 행동들이 작은 위반으로 그치지 않고 보다 큰 위반으로 이행할 수 있다는 스티브 마틴Steve J. Martin이나 로버트 치알디니Robert B. Cialdini 등 사회심리학자들의 연구 결과 역시 눈여겨볼 필요가 있다.

일탈 행위의 모방에 대해 '깨진 유리창 가설'이란 흥미로운 연구 결과가 있다. 이는 깨진 유리창 하나를 방치하면 그곳을 기점으로 범죄가 확산된다는 가설로, 사소한 무질서를 방치하면 큰 무질서로 이어질 수 있다는 것이다. 이 가설은 약 40년 전 윌슨J. Q. Wilson과 켈링G. L. C. Kelling이 한 잡지에 기고한 글을 토대로, 2008년도에 카이저K. Keizer, 린덴버그S. Lindenberg, 스테그L. Steg 등이 저명한 학술지인 『사이언스*Science*』에 '무질서의 확산 과정'에 대한 과학적인 실험 결과를 발표함으로써 보다 광범위하게 받아들여졌다. 연구팀이 '낙서 금지'라는 표시가 뚜렷이 보이는 거리에 세워 놓은 자전거들에 임의로 광고 전단을 꽂아 두고 관찰해 보니, '낙서 금지'라는 표시에도 불구하고 원래 낙서가 많이 되어 있는 거리에서는 자전거 사용자들의 69퍼센트가 광고 전단을 땅바닥에 함부로 버렸다. 하지만 원래 낙서가 없는 깨끗한 거리에서는 자전거 사용자들의 33퍼센트만 이 거리에 광고지를 함부로 버렸다. 또 다른 실험에서는, 길 한가운데에 '바리케이드에 자전거를 세워 두지 마시오.'라는 푯말을 세우고 행인들에게 200미터를 돌아가게 했다. 그런데 바리케이드에 일부러 자전거 네 대를 세워 놓자 자전거를 한 대만 세워 두었을 때에 비해 돌아가라는 지시를 어기는 비율이 세 배나 증가했다.[49]

최근 파리시에서는 동일 맥락에서 애완견 분변 방치, 노상 방뇨, 소란 행위, 담배꽁초나 쓰레기 투기 등 도심 기본 질서 위반 행태를 규제하기 위해 '무례단속반DPSP'을 조직하여 운영하고 있다. 담배꽁초나 쓰레기 등을 함부로 버리는 행위에 대해 우리 돈 8만 원 남짓의 과태료를 매겨 바람직한 행동으로 유도하고자 하는 것이다. 즉 위반을 통해서 얻는 편리함이라는 이익 대비 벌칙의 부담을 키우는 것이다.

도심 공간에서 무단주행, 무단주차, 무단횡단, 광고지 무단 살포 등 생활 속의 법질서 위반 행위를 방치하게 되면 '법을 지키는 사람만 바보'로 만들고 관련 위반 행위를 보다 광범위하게 확산시킬 수 있다. 소소한 생활 질서 위반자들은 '뭐, 이만 일로 처벌이냐'는 식으로 불만을 표출할 수 있다. 하지만 그 위반 행위를 묵인 내지 방치하면 위반 행위는 대개 그 자체로 끝나지 않는다. 오히려 더 강화되고 확산되며, 심지어 새로운 형태의 위반 행위를 불러올 수도 있다. 관련 내용에 대한 다양한 실험 결과들이 최근 행동경제학자들을 중심으로 쏟아지고 있다. 그런데 그와 같은 행동에 대한 처벌 내지 단속이 일회성이나 이벤트성으로 진행될 경우 오히려 공적 신뢰 회복에 장애가 될 수 있다는 지적도 있다.[50]

사람의 행동은 크게 사회적 상호작용과 제도적 규제를 통해 변화될 수 있다. 사회적 상호작용을 통해 바람직한 행동 쪽으로 유도할 수 있으면 좋지만, 그렇지 못할 경우 처벌을 통해 목적하는 바를 이룰 수 있다. 싱가포르의 경우 오래전부터 시민들의 행동 규범을 글로벌 스탠더드에 맞추기 위해 강력한 처벌에 의존해 왔고 상당 부분 성공한 것으로 알려져 있다. '매질과 벌금'을 통해 인간의 인식과 행동을 바꾼 셈이다. 17세기 영국의 철학자 토머스 홉스Thomas Hobbes가 강조한 근대 시민사회의 질서와 경제적 자유 그리고 번영은 국가의 강력한 법 집행에 의존해서 확보한 것이다. 동양의 노장 사상과는 달리 서구 철학자들, 특히 홉스는 사람은 자연 상태에서 질서와 조화를 얻는 것이 아니라 오히려 야만과 폭력성에 노출되어 '만인 대 만인의 투쟁 상태'를 초래한다고 보았다. 따라서 강력한 법질서를 형성하고 집행할 수 있는 실체인 국가를 통해 개인 삶의 자유와 경제적 번영을 확보하고자 했다. 하지만 홉스의 예측과는 달리 국가 역시 언제나 공정하고 불편부당한 실체는 아니다. 개인 삶의 자유와 번영의 질서를 확보해 주기 위해 권력을 장악한 국가가 오히려 개인의 일상을 감시하고 통제하는 전체주의 국가로 전락할 수 있다. 조지 오웰George Orwell이 『1984』에서 우려했던 사회다.

행동하는 지식인의 전형인 조지 오웰은 '통제'에 대한 인간의 취약성을 내다본 것으로 보인다. 인간의 사고와 행동을 통제할 수 있는 수단 내지 방안이 존재하고, 그 수단 내지 방안을 현실화할 수 있는 상황이 조성되면, 그로 인한 결과가 인간 삶의 질적 수준을 궁극적으로 파괴하든 훼손하든 상관없이 통제 수단 내지 방안이 특정인 내지 특정 집단의 이해관계를 위해 실행될 수 있음을 그는 염려했다. 한때 사회주의자였던 오웰은 효과적인 선전 매체를 활용해 사람들에게 '가짜 뉴스'를 반복해서 전달하면 사람들의 생각과 행동을 조절하고 통제할 수 있다고 보았다. 그는 사람들이 각자의 생각이나 사고를 상실하게 되었을 때 어떤 결과가 빚어질 수 있는지를 보여 주고자 했다. 선동과 선전에 의해 분열된 대중이 어떻게 자발적으로 노예가 될 수 있는지, 분노와 증오에 현혹된 우리가 빅브라더라는 절대 권력자를 어떻게 탄생시키는지를 그는 자신의 대표작 『1984』에서 적나라하게 드러냈다.

미디어, 특히 텔레비전의 부정적인 측면에 대해 우려했던 포스트먼N. Postman은, 『죽도록 즐기기*Amusing Ourselves to Death*』에서 조지 오웰과 올더스 헉슬리Aldous L. Huxley가 우려했던 미래 세계의 두 가지 모습을 대비시켰다. 오웰이 『1984』에서 그린 사회는 절대 권력자인 빅브라더가 집 안과 거리에 설치된 텔레스크린과 각종 도청 장치, 사상경찰을 통해 모든 정보를 통제하고, 진실을 은폐하며, 서적을 철저히 금지하는 통제 사회였다. 즉, 인간의 미래 사회가 인간이 만들고 가공한 '테크놀로지의 창살'에 갇힌 신세가 되는 것이 아닐까 오웰은 염려했다. 반면에 헉슬리는 『멋진 신세계*Brave New World*』에서 인간의 미래 사회가 과학 만능주의로 인해 정보 과잉 사회로 이행하고 사소하고 자극적인 문화만 넘치는 사회로 전락하는 것은 아닐지 우려했다. 오웰이 테크놀로지에 의해 진실과 정의가 은폐되는 감시 사회를 경고했다면, 헉슬리는 넘쳐 나는 정보의 홍수 속에서 진리와 현실이 익사하는 음울한 미래 사회를 걱정했다. 헉슬리는 사람들이 과학 만능주의에 빠져 자신이 누구인지, 무엇을 해야 하는지, 행복이 무엇인지, 고독이 어디서 비롯되는지를 묻지 않는 사회로 자발적으로 걸어가고 있는 것은 아닌지 묻고 염려했다.

싱가포르는 국토 면적이 서울시 정도이고 인구 규모는 서울의 절반도 되지 않는 작은 나라다. 그런데 인구 규모가 14억 3천9백만 명이 넘고 국토면적은 한반도의 약 44배에 달하는 중국의 경우는 어떨까? 북경의 중국인민대학에서 2019년 서머스쿨 강좌를 맡았던 나는 교내 곳곳에 CCTV 모니터가 널려 있어 의아했던 적이 있다. 심지어 자주 가는 교내 카페 Laneway 뒷마당에도 CCTV 모니터가 떡 하니 걸려 있었는데, 나의 쉬는 모습 역시 녹화되고 있겠구나 하는 생각이 드니 섬뜩했다. 그런데 북경 칭화대학에서 학사 과정을 마치고, 인민대학에서 박사 과정을 하는 한국인 대학원생 미스터 최(서머스쿨 강좌 중 필자의 강의 조교)에게 들어보니 대학 구내뿐만 아니라 중국 전역에 CCTV가 널리 확산되고 있었다. 그래서 자료를 찾아보니, 이미 수억 명에 이르는 중국인의 일상생활이 광범위하게 기록되어 관리되고 있었다. 빅데이터와 인공지능AI 그리고 CCTV 기술의 급격한 발전 덕분에, 아주 적은 비용으로 광범위한 영역에 거주하는 엄청난 규모의 사람들의 일상 행동을 일일이 기록하고, 규율 위반자를 적발하여 처벌하는 디지털 관리 기술의 보편화로 이행하고 있는 상태였다.

2002년 한일 월드컵에서 대한민국이 4강에 오르는 기염을 토한 특별한 해에 톰 크루즈 주연의 〈마이너리티 리포트〉란 좀 색다른 SF영화가 국내에 개봉되었다. 스티븐 스필버그가 메가폰을 잡아 그 당시 흥행에서 대성공을 거둔 영화였는데, 플롯이 치밀하고 신선해서 지금도 한 번씩 텔레비전에서 재방송되곤 한다. 20년 전 공상과학영화의 스토리가 지금도 사람들의 시선을 끈다는 것이 신기하지만, 더 놀라운 점은 필립 K. 딕Philip K. Dick의 원작은 1956년에 발표되었다는 것이다. 스토리의 무대는 2054년 미국 워싱턴 DC의 범죄예방관리국Pre-Crime. 그곳에서는 미래 예지력이 있는 세 명의 여성 초능력자가 아직 발생하지도 않은 미래의 범죄 사건을 예견해 낸다. 주인공인 존 앤더튼(톰 크루즈 분)이 팀장을 맡고 있는 범죄예방관리팀은 그 예견에 근거해 예비 범죄자들을 선제적으로 잡아들이고 처벌한다. 존 앤더튼은 '범죄 없는 사회'를 만들어 간다는 신념으로 열정적으로 일한다. 그러던 어느 날 존이 프리크라임 시스템에 의해 살인자로 지목이 되고, 그는 혐의를 벗기 위하여 그 예지 결과를 감춘다. 그런데 초능력자들 간에도 예지력에 차이가 있어 항상 만장일치의 결론이 도출되는 것은 아니다. 이 경우, 다수결 원칙에 따라 다수의견머조리티 리포트(majority report)이 채택되고 소수의견마이너리티 리포트(minority report)은 폐기된다. 실제로 발생하지도 않은 사건에 대해, 그것도 미래 예지자들 간에 의견 일치도 되지 않은 사안에 대해 사전적 처벌이 정당한가 하는 근본적인 질문이 〈마이너리티 리포트〉란 영화 제목에 살짝 담겨 있다. 흡사 트로이의 멸망 원인이 된 파리스의 심판 The Judgement of Paris[51]에서 파리스의 비극적 탄생 예언과 그 운명을 벗어나고자 하는 인간 군상의 발버둥처럼 개인으로서는 어떡할 수 없는 형태로 미래가 예지된다. 그런데 〈마이너리티 리포트〉 속의 세 명의 백치 예지자들을 CCTV, AI, 빅데이터로 대체하면, 영화 속의 얘기들이 단순히 공상과학의 그렇고 그런 이야기가 아니라 지금 이 시점에서 지구상 최대 인구수를 자랑하는 어떤 나라에서의 현실이 된다. 테러 방지법에 따라 테러 혐의자를 체포하고, CCTV와 AI 그리고 컴퓨터 알고리즘 결합에 의해 '불량시민'의 등급을 매기고 여권이나 비자 발급, 신용대출액 산정, 항공기나 열차 이용, 공직 임용 등에서의 차등을 시행 중이거나 시행 준비 중이기 때문이다.[52]

북경의 경우, 한국보다 훨씬 높은 비율의 카드 결제 방식으로 개별적 소비 행태까지 추적·관리할 수 있게 되어 가고 있다. 서방 언론 매체들이 묘사한 '디지털 레닌주의'에 의해 사회 전체가 관리 대상이자 감시 대상이 되고 있는 것이다. 거대 중국이 작은 싱가포르의 관리 방식을 인공지능AI과 빅데이터 그리고 CCTV라는 기술 발전에 힘입어 별 어려움 없이, 또는 더 철저하게 효율적으로 채택·관리·운영하게 된 것이다. 빅데이터와 CCTV가 있다고 하더라도 AI 사용이 보편화되기 전까지는 관련 데이터를 인간이 처리하려면 너무 많은 시간과 인력이 소요되어 사실상 활용 빈도와 범위에 큰 제약이 있었다. 그런데 AI를 통해 안면이나 체형 인식이 가능해짐으로써, CCTV나 빅데이터 자료를 사용 목적별로 분류·정리·요약하는 일련의 과정이 한순간에 가능해졌다. 결과적으로, 사회 구성원들의 준법성과 도덕성을 점수화하여 처벌하고 포상함으로써 사실상 통제된 도덕사회 및 경제사회를 만들어 가는 것이 AI에 의해 현실화된 것이다. 그런데 문제는 이렇게 만들어진 AI 도덕사회가 점점 더 광범위해지고 점점 더 정교해질 텐데, 이런 AI 도덕사회가 바람직한 사회라고 볼 수 있느냐이다. 우리가 과연 빅데이터와 AI에 의해 관리되는 사회에 살고 싶은가 하는 것이다.

인간의 바람직한 삶의 모습에 대해 끊임없이 고민한 존 스튜어트 밀John S. Mill은 『자유론』에서 진리가 언제나 박해를 이기고 최후의 승리를 거둔다는 주장을 '유쾌한 거짓말'로 규정했다. 오직 진리만이 지하 감옥과 화형의 박해를 이겨 낼 수 있는 어떤 신비한 힘을 지니고 있다는 믿음 역시 '순진한 착각'이라 규정했다. 역사는 진리가 박해 앞에 무릎을 꿇고 만 숱한 사례들을 보여 주었기 때문이다. 인간은 때로는 거짓에 대해서 무섭게 빠져들었고 진리를 향한 열정이 이것보다 더 뜨겁다고 할 수 없다는 것이다. 그는 언젠가 우리가 현재 지각하지 못하는 무엇에 의해 생각의 자유가 완전히 억압될지 모른다는 점을 우려했다. 그는 확신에 바탕을 두지 않은 믿음은 사소한 비판 앞에서도 쉽게 무너지며, 사회적 불관용성이 강할 경우 사람들은 자신의 생각을 있는 그대로 드러내지 않고 다른 모습으로 위장할 수 있음도 우려했다. 그는 누군가에 의해 정답이 바로바로 주어지는 절대 진리의 존재를 믿지 않았다. 오히려 그는 다른 사람의 생각과 자신의 생각을 비교하고 대조하면서 자신이 틀린 것을 고치고 부족한 것을 보충하는 과정이 우리의 판단에 대한 믿음을 튼튼하게 할 수 있는 유일한 방법이라고 보았다.[53]

밀은 대량 생산, 대중 문화, 대중 교육을 특징으로 하는 현대사회는 불가피하게 사회 전체를 '몰개성의 시대'로 이끌어 갈 수 있음을 우려했다. 인간을 진정 행복하게 만드는 것은 인간 각자의 개별성individuality인데 그 개별성이 현대사회의 불가피한 속성에 의해 소멸되어 가고 있는 것이 아닌가 하는 것이다. 중국과 같이 AI와 CCTV, 관련 컴퓨터 알고리즘에 의해 사람들의 일상적인 활동들이 광범위하게 관리되고 평가될 경우 인간을 인간답게 하는 각각의 개별성이 현실 삶에서 설 자리를 잃기 쉽다. 더욱이 조지 오웰의 우려처럼 전체주의 시스템에 의해 조작된 현실 왜곡이 만연하고 개인의 정보 취득 및 활용 능력이 상대적으로 제약될 수밖에 없는 경우 개별 인간의 주체적인 판단이나 정체성조차 왜곡되기 마련이다.

밀은 다른 사람에게 해harm를 끼치지 않는 범위 내에서 인간은 각자 최대한 자유를 누릴 수 있어야 한다고 보았다. “전체 인류 가운데 단 한 사람이 다른 생각을 가지고 있다고 해서, 그 사람에게 침묵을 강요하는 것은 옳지 못하다.” 그것은 “마치 어떤 한 사람이 자기와 생각이 다르다고 나머지 사람 전부에게 침묵을 강요하는 일만큼이나 용납될 수 없다.” 그는 그 한 사람의 의견이 옳을 경우 침묵을 강요하면 진리를 찾을 기회를 상실하는 것이고, 만약 그 의견이 잘못된 경우라도 잘못된 의견과 옳은 의견을 대비하는 과정에서 진리에 더 가까운 의견을 보다 명확하게 포착할 수 있는데 그 기회를 상실하는 것이라고 보았다. 따라서 사상의 자유를 억압하는 것은 현 세대뿐만 아니라 미래의 인류에게까지 그들의 소중한 자산을 강탈하는 강도질에 해당한다고 하였다. 특히 그는 “인간은 그 본성상 모형대로 찍어 내고, 그것이 시키는 대로 따라 하는 기계가 아니다. 그보다는 생명을 불어넣어 주는 내면의 힘inward forces에 따라 온 사방으로 스스로 자라고 발전하려 하는 나무와 같은 존재”임을 강조했다. 따라서 그는 정신적으로 성숙한 사람이면 누구든지 각자의 상식과 경험을 토대로 자신의 삶을 자신의 방식대로 계획하고 꾸려 가는 것이 가장 바람직한 삶의 형태라고 규정했다. 그 방식 자체가 최선이라는 뜻이 아니라 자신의 방식대로 삶을 계획하고 이행해 나가는 것보다 더 중요한 것은 없다는 뜻이다.[54]

밀의 주장과 같이, 개인의 자유가 보장되어야 개별성이 확보될 수 있고, 자신의 선택과 기호에 따라 삶을 꾸려 가는 개별성이 확보되어야 인간은 진정한 행복을 얻을 수 있다는 점은 의심의 여지가 없다. 더욱이 그는 사회가 순전히 개인적인 행동에 대해 간섭하게 될 경우, 그 간섭은 흔히 잘못된 방법으로 잘못된 곳에서 일어날 가능성이 크다고 보았다. "각 개인의 취향은 의견이나 지갑과 마찬가지로 각자의 고유 관심사이다. 오직 인간의 보편적인 경험이 용납하지 못하는 행동을 제외하고는, 모든 불확실한 문제에 대해 각 개인의 자유와 선택을 전적으로 존중해 주는 이상적인 사회를 상상하는 것은 누구나 손쉽게 할 수 있는 일이다. 그러나 개인에 대한 검열이 일정한 수준을 넘어가지 않게 스스로 자제하는 사회가 어디 있던가?"라고 하며, 권력에 대한 적절한 제어와 통제가 필요함을 강조했다.[55]

지그문트 바우만Zygmunt Bauman과 데이비드 라이언David Lyon은 『친애하는 빅브라더*Liquid Surveillance*』에서, 오늘날 전자 시스템을 기반으로 진전되고 있는 새로운 감시 시스템의 위험성을 경고한 적이 있다. 전자 네트워크 속의 관계에서 개인은 상품화되고 자발적으로 그 시스템에 종속되고 있는데, 가장 큰 문제는 자신이 그 시스템에 종속되고 있는지 감시되고 있는지 지각조차 못 한다는 것이다. 그들은 과거의 감시는 인간에게 공포를 주었지만, 현대의 감시는 배제되지 않게 해 준다는 점에서 역설적으로 희망을 재구성한다고 보았다. 개인정보의 자발적인 교환이라는 명목으로 SNS소셜네트워크서비스상의 프라이버시 공개를 당연시하고 있지만, 사실은 이 교환의 흐름에서 배제되고 따돌림 당하는 순간 디지털 외톨이가 될 수 있어 그 감시 시스템에 스스로 순응하게 될 수밖에 없음을 강조한다. 긴 진화 과정에서 인간의 집단성은 너무나 결정적이어서, 의미 있는 경험은 다른 인간과의 관계이며 집단 안에서 자기 자신을 확인하거나 한껏 누릴 때 가장 보편적인 기쁨과 만족감을 느끼게 된다.[56] 인터넷 사이트 가입 시 습관적으로 누르는 '동의합니다'는 배제되지 않기 위해서 자발적인 감시를 허용하는 형태에 해당한다. 보이지 않는 권력인 빅브라더에게 안전, 편리, 돌봄을 의탁하는 대신 자발적으로 통제를 허용하고 복종함으로써 '자유를 빼긴 새장 속의 새'로 전락할 수 있음을 바우만과 라이언은 경고한다.

철학자 한병철 역시 범죄를 막기 위해 점점 더 많이 설치되는 CCTV, 부패의 차단 및 민주주의 발전을 위한다는 명분하에 정보의 공유와 투명사회의 건설이 강조되고 있지만, 이는 오히려 모두가 모두를 감시하는 사회로 나아가는 수단이나 절차가 되고 있는 것은 아닌지 묻고 있다.[57] 자신이 감시당한다는 것을 느끼지 못한 채 자발적으로 SNS에 우리 사생활을 드러내는 데 거리낌이 없지만, 의미의 빈곤 형태로 긍정의 부정성에 빠져 스스로 디지털 파놉티콘[58]으로 한 발자국씩 걸어 들어가고 있는 것은 아닌가 말이다. 만약 내가 자정이 넘은 시간에 침대에 누워 필로우 토크pillow talk 형태로 밤새워 이야기하는 상대가 누구인지, 내가 어디서 누구와 무엇을 먹고 마시는지, 누구와 함께 어디를 얼마 동안 여행하는지를 누군가가 클릭 한 번으로 알 수 있다면 그 삶은 불편할 수밖에 없다. 통신 기술의 발달과 SNS의 보급으로 우리는 사람 간의 공간적인 거리를 없앴고 그 어느 때보다 강력한 네트워크와 정보망을 확보했다. 그런데 그 과정에서 우리는 행동의 자유를 상실하고 삶의 획일화라는 대가를 지불하게 되었다. 투명성에 대한 압박이 가중되는 사회에서 우리 모두는 '벌거숭이'가 될 수밖에 없다.

> 소셜미디어와 개인화된 검색엔진은 네트워크 내에 외부가 제거된 절대적인 인접공간을 수립한다. 이곳에서 사람들

> 은 자기 자신, 그리고 자신을 닮은 사람들을 만난다. 여기에는 변화를 가능하게 할 어떤 부정성도 존재하지 않는다. 이러한 디지털 이웃사촌의 공간은 참여자에게 마음에 드는 세계의 단면만을 제공하며, 그럼으로써 공론 장, 공적 영역, 비판적 의식을 해체하고 세계를 사적인 장소로 만들어 버린다.[59]

우리는 쇼핑에서는 충실성 점수, 직장에서는 헌신성 점수, 사회에서는 준법성 점수 시스템 속으로 점점 더 빨려 들어가고 있는 것으로 보인다. 물건을 사거나 서비스를 이용할 때, 바로 10퍼센트를 할인해 주지 않고 10번 이용하면 1번 무료로 해 주는 시스템 등에 우리가 점점 더 익숙해지고 있는 것을 보면, 도덕성·헌신성·준법성 등은 무슨 고차적인 정신적 선택 행위라기보다 물리학의 방정식처럼 자극과 반응의 기계화된 관계로 점수화될 수 있을 것 같다. 그것도 대부분 우리가 자발적 선택을 하는 형태로 그렇게 될 수 있다. 그런데 점수와 보상이나 감시와 평가의 경우, 진정한 마음의 교류와 공간이 들어설 자리를 없애 버림에 따라 지금 우리가 예상하지 못한 새로운 문제를 야기할 수 있다.

우선, 인간의 선행이나 비행이 상품 정보와 같이 관리되는 사회가 과연 살 만한 사회라고 할 수 있는가에 대한 근원적인 물음이다. 삶의 양념 형태로 어느 정도 인간의 행동이 상품 정보처럼 관리되는 사회가 나쁜 사회로 보이지는 않는다. 그와 같은 과정이 적절한 범위 내에서 제어될 수만 있다면, 기능적인 측면에서 삶의 풍요나 안전에 도움이 될 수 있는 여지가 적지 않은 것도 사실이다. 하지만 인간의 거의 모든 행동이 상품 정보와 같이 관리되고 있거나 관리될 수 있는 사회로 이행하는 것은 여러 비평가나 철학자들의 우려처럼 그냥 지나칠 문제가 아니다. 어떤 양념이 요리에 맛을 더한다고 해서 그 양념만으로 요리를 할 경우 인간이 과연 그 음식을 제대로 먹을 수 있겠는가. 아마 특색 있는 양념만으로 조리된 음식은 맛도 이상하고 건강식도 아니며 사실상 먹을 수 있는 음식도 아닐 것이다. 칸트I. Kant는 인간과 동물의 구분은 이성理性에 있다고 보았다. 우리 인간이 본능이나 욕구에만 흔들리지 않고 이성의 목소리에 귀를 기울이는 노력을 통해서 내가 무엇을 해야 하는지 나의 의무는 무엇인지를 자연스럽게 깨달아갈 수 있을 것으로 그는 기대했다. AI에 의해 리얼타임으로 강제되는 도덕 규범이 아니라, 이성에 토대한 깨달음의 과정에서 우리 각자가 무엇을 해야 하는지 무엇을 하지 말아야 하는지를 알게 되고, 그와 같은 내면의 목소리를 따르고 경의하는 과정에서 한 인간 삶의 자유의 가치 내지 자유의 실현을 진정으로 이루어 갈 수 있을 것이다.

레프 N. 톨스토이Lev N. Tolstoy는 그의 유명한 중편 소설 「이반 일리치의 죽음The Death of Ivan Il'ich」에서 삶의 의미, 각자의 자율성과 자기 결정성, 내적 성찰의 중요성을 강조했다. 소설의 주인공은 치안판사라는 좋은 직업을 가지고 있었고 사회적 평판도 좋았다. 어느 날 멋진 새 집에 이사한 후 커튼을 달던 중 부주의로 옆으로 떨어져서 다친다. 처음에는 뭐 별로 대수롭지 않은 일로 생각했는데 점점 입에서 이상한 맛이 느껴지고 어두운 표정의 의사들이 모두 고개를 젓는다. 무시무시하고 낯선 일이, 지금껏 한 번도 경험해 본 적 없는 심각한 일이 일리치의 몸속에서 일어나고 있었다. 어처구니없게도 그는 마흔다섯이라는 젊은 나이에 자신이 죽음의 그림자에 직면해 있음을 깨닫게 된다. 아내와 딸이 자신을 성가신 '대상'이나 '문제'로 대하는 태도에서 절망하고 자신의 지나온 삶을 돌아보게 된다. 결혼은 의례적인 과정처럼 서둘러 했고 돈이나 세속적인 성공에 정신이 팔린 생활이 지속됐지만 자신의 의무라고 생각하는 일들을 완수하는 데는 성실했다. 그는 능력 있고 쾌활하며 선량하고 사교적이있다. 그는 자랄 때 '집안의 자랑거리'로, 형처럼 냉정하거나 까다롭지 않았으며 동생처럼 제멋대로 살지도 않았다. 일리치는 "아침과는 거리가 멀었지만, 날벌레가 불빛을 향해 날아들듯 아주 어릴 적부터 본능적으로 상류사회 사람들에게 이끌렸으며, 그들의 태도나 인생관을 습득하면서 친밀한 관계를 맺었다." 도대체 무엇이 잘못되었을까? 그에게 가장 중요한 것은 남들이 보기에 그럴듯한 가정의 모양새를 갖추는 것뿐이었는데, 왜 지나온 삶이 "점점 가속이 붙으면서 떨어지는 돌"처럼 느껴지는지에 대해 그는 "어쩌면 내가 살아온 방법이 틀린 건 아니었을까?"라고 자문한다. "그는 자신이 지키려고 애쓰는 것들이 얼마나 취약한 것들인지 느꼈다. 결국 지켜야 할 것은 아무것도 없었다." 그는 산을 오르고 있다고 생각하며 살아왔는데 사실은 산을 내려가고 있었음을 깨닫는다. 일리치는 마지막 순간에 자신이 삶을 제대로 살아오지 못했는지 모르지만 그때라도 바로잡을 수 있을지 모른다는 생각을 한다. 그는 죽음 앞에서 해답을 알 수 없는 질문을 하고 침묵을 지키며 홀로 귀를 기울이게 된다.

우리 삶의 의미나 여정 그리고 그 여정에서 우리가 진정으로 얻고자 하는 것은 누군가의 통제나 계획에 의해 제시된 모범 답안이 아니다. 삶의 의미란 진정 의미 있는 일들이 무엇인지 고뇌하고 답을 찾아가는 과정 그 자체에 있다는 것을 톨스토이는 이반 일리치의 모습을 통해 보여 주고자 했던 것 같다. 데이비드 브룩스David Brooks가 『인간의 품격*The Road to Character*』에서 강조했듯이, 우리가 진정한 삶의 목적을 찾고 그 길을 열정을 갖고 자신을 신뢰하며 타인과 함께 걸어가는 것은 단순한 자기 탐구나 타율적인 선택 과정에 의해 이루어질 수 있는 게 아니다. 오히려 우리 각자의 자율성과 자기 결정권을 존중하면서 동시에 사회 탐구와 사회적 '소명'에 대한 지각이 수반됨으로써 가능한 것이다. 그리고 삶의 의미란 당연히 기분 좋고 유쾌하고 고통을 피하는 그런 차원의 문제가 아니다. 정신과 의사였던 유대인 빅터 프랭클Viktor Frankl이 『죽음의 수용소에서*Men's Search for Meaning*』에서 강조했던, "삶의 문제에 대한 올바른 답을 찾고, 살아가는 동안 각자 앞에 끊임없이 주어지는 임무를 완수하겠다는 책임을 지는 것이 삶의 궁극적인 의미"인 것이다.[60] 우리가 무슨 일을 하든 그 일을 열심히 해서 한편으로 나와 가족의 삶을 꾸려 가고, 또 다른 한편으로는 사회에 기여하고자 하는 마음의 중심을 잡아 가는 것이 삶의 의미인 것이다.

인류가 한 번도 가 본 적 없는 안개 자욱한 길을 우리가 걸어가고 있다. AI, 빅데이터, 사물인터넷 등이 기존 산업과 결합해서 새로운 부가가치를 창출하는 제4차 산업혁명의 물결이 우리 삶을 크게 바꿔 가고 있다. 코비드19COVID-19로 알려진 바이러스의 공격은 사람들 간의 관계나 생활 방식 그리고 글로벌 생산 체계까지 뒤흔들고 있다. 코비드19 대처 과정에서 강화된 국가 권력은 코비드19 종식 이후에도 약화되지 않고 개인과 사회를 감시하고 비판 세력을 탄압하는 빅브라더 형태로 고착될 수 있다는 음울한 전망까지 뒤따르고 있다. 질병 대처 과정에서 강화된 국가 권력이 국민의 안전을 위한다는 명목으로 사회를 더 폐쇄화하고 개인의 자유를 억압할지 모른다. 그리고 그 과정에서 제기되는 내적 불만이나 저항을 희석시키기 위해 특정 인종, 종교, 지역, 계층에 대한 분노와 증오를 부추길지도 모른다. 어쩌면, 고대사회의 묵형墨刑이 현대 AI 도덕사회에서 특정 개인이나 집단에 실시간 규제 형태로 현실화되지 않도록 정신을 바짝 차려야 할 시점이 지금일지 모른다.[61]

신뢰의 반지름

지식인들이 자신들도 잘 모르는 사실을 불변의 진리처럼 떠들고 다닌다든지,
정치인들이 다양한 사람들의 선호나 기대를 두루 포용하지 않고
일방의 주장만 고장 난 축음기처럼 되풀이해서 왼다든지,
종교인들이 다른 사람들의 믿음이나 행동을 나름대로 재단해서
악마의 속삭임이나 마녀의 주술로 규정한다든지 하는 것은
흡사 고장 난 나침반의 침처럼 없는 것보다 더 나쁜 결과를 초래할 수 있고
따라서 신뢰사회의 적이 될 수 있다.

1990년대 중반, 정치경제학자인 프랜시스 Y. 후쿠야마 Francis Y. Fukuyama는 『신뢰*Trust*』라는 저서에서 '신뢰의 반지름'에 주목했다. 그는 사회에 따라 신뢰의 반지름에 차이가 있고, 신뢰의 반지름이 긴 경우와 짧은 경우가 있다는 점을 강조했다. 신뢰의 반지름이 긴 사회는 신뢰가 표출되고 교환되는 범위가 커서 자연히 사회의 전반적인 신뢰 수준이 높고 당연히 사회 내부 구성 집단 간 배타성도 낮게 나타난다. 이에 반해, 신뢰의 반지름이 짧은 사회는 사회의 전반적인 신뢰 수준이 낮고 집단 간 배타성도 높게 나타난다. 그는 신뢰의 반지름이 긴 사회로 독일, 미국, 일본을 꼽았다. 반면 신뢰의 반지름이 짧은 사회로 한국과 중국을 언급했다. 신뢰의 반지름이 짧은 사회는 신뢰의 확장성이 낮아 기업의 경우에도 중·소규모 기업 형태로 발전하고, 신뢰의 반지름이 긴 사회는 신뢰의 범역이 넓어 대규모 기업 형태로 발전이 진전될 수 있다고 보았다. 다만, 한국의 경우 신뢰의 반지름이 짧은데도 불구하고 삼성, 현대, LG 등 대규모 기업 형태의 발전이 진전된 것은 박정희 정권의 대외 지향적 정부 정책의 결과로 해석했다.[62]

신뢰의 반지름이 긴 경우는 당연히 다양한 집단에 대해 포용적이라는 것을 전제하기 때문에 포괄적 호혜성이 높고 신뢰사회 형성에 도움이 된다. 반면 신뢰의 반지름이 짧은 경우는 자신이 귀속되어 있지 않은 여타 집단들에 대해 배타적이고, 부정부패 등의 사회·정치적 비리에도 취약한 것으로 알려져 있다. 하지만 그렇다고 해서, 신뢰의 반지름이 짧은 경우 모두를 단순히 비신뢰사회 또는 탈신뢰사회로 규정할 수는 없다. 특정 사회에서 신뢰성의 형성은 크게 사회적 상호작용과 제도적 규제에 의존한다. 따라서 혈연·학연·지연 등의 영향력이 큰, 신뢰의 반지름이 짧은 사회라고 해도 사회적 상호작용을 확대하거나 또는 제도적 규제를 통해서 특정 사회의 신뢰성 수준을 상당 부분 높여 갈 수 있기 때문이다. 싱가포르의 경우 사회적 규범 준수 차원에서 사회적 신뢰성 수준이 매우 높지만, 그 신뢰성 수준은 엄격한 제도적 규제(즉, 처벌 등)에 크게 의존하고 있다. 물론 다른 조건이 동일할 때, 자원의 획득 및 활용 과정에서 짧은 신뢰의 반지름이 배타성과 결합되면 신뢰사회 형성 과정에서 큰 걸림돌로 작용하게 될 것이다.

신뢰가 사람들의 삶의 질에 큰 영향을 미칠 것이라는 논의나 주장 또는 학술적 연구 결과들은 사실 언급이 필요 없을 정도로 많다. 원시 고대사회부터 현대사회에 이르기까지 인간의 삶에 신뢰가 중요하다는 주장은 무수히 많지만 중요하지 않다는 주장은 사실 거의 전무하다. 물론 특정 집단 내의 신뢰가 여타 집단들에게 항상 긍정적으로 영향을 미쳤다는 의미는 아니다. 특정 집단 내의 신뢰가 여타 집단들에게 배타적으로 작용할 경우, 특히 신뢰의 반지름이 짧은 경우는 그 부정적 영향 또한 크게 나타날 수 있다. 인간 삶에 긍정적이든 부정적이든 영향이 큰 경우 우리는 그것을 중요한 문제로 바라볼 필요가 있다. 진화인류학자들의 연구 결과에 따르면, 생태 환경적 조건상 초기 인류의 삶은 척박했고 먹이의 대부분을 주로 협동적 노력을 통해 조달해야 했기 때문에 협동은 인간 삶의 초기 과정부터 일상적일 수밖에 없었다.[63, 64] 그런데 어느 시대든 남과의 협동 작업을 제대로 하기 위해서는 상대편에 대한 믿음이 그 출발점이 된다. 협업 과정에서 공동헌신이 안정적으로 이루어지기 위해서는 협업 파트너에 대한 신뢰가 필수적이기 때문이다. 다만, 여기서 신뢰의 제반 조건이나 효과 등을 낱낱이 다루고자 하는 것은 아니다. 그럴 수도 없거니와 그와 같은 작업이 별반 의미도 없기 때문이다. 사회적 신뢰 수준이 인간 삶에 어떤 긍정적 또는 부정적 영향을 미치는지 그리고 그 각각의 조건들이 무엇인지에 대한 논의는 피에르 부르디외Pierre Bourdieu, 제임스 S. 콜먼James S. Coleman, 로버트 D. 퍼트넘Robert D. Putnam 등 사회적 자본 이론 연구자들의 논의에서 이미 충분히 다루어진 것으로 판단된다.

여기서는, 신뢰가 동전의 앞면이라면 그 감추어진 뒷면은 무엇일까, 신뢰가 방향을 상실하면 어떤 형태로 나타날까, 신뢰가 역주행하면 어떻게 될까 등을 신뢰의 반지름이라는 맥락에서 이야기해 보고자 한다. 우리가 서 있는 어떤 특정 지점에서 우리가 궁금한 사안의 반지름만 알 수 있으면, 개념적으로는 반지름의 속성상 우리가 궁금하게 생각하는 그 무엇의 범역과 외연을 대개 쉽게 그려 볼 수 있다. 우선, 우리의 삶에서 동전의 앞면이 신뢰라면 그 뒷면은 단순히 불신이라기보다 그 불신의 여파인 고독이란 그림자가 보다 크게 자리 잡고 있는 것으로 보인다. 누구도 나와 함께하지 않고, 누구와도 함께하길 기대하지 않는다면 그 답은 고독이다. 현대 산업사회의 풍요 속에서 역설적으로 도시인의 고독을 사실적으로 표현한 화가로 미국의 사실주의 화가인 에드워드 호퍼Edward Hopper가 흔히 언급된다. 그의 대표 작품 중 〈아침 햇살Morning Sun〉이나 〈소도시의 사무실Office in a Small City〉을 보면, 장식 없는 텅 빈 방과 사무실에 홀로 멍하니 앉아 있는 여인과 사무직원이 나온다. 그곳이 방이든 사무실이든 사람들과의 관계가 단절되어 있는 도시인이 느낄 수 있는 감정은 어떤 기대나 반가움, 또는 열정이 아니라 무료하고 따분한 외로움뿐이다. 호퍼는 〈아침 햇살〉에서, 중년 여성이 침대에서 일어나 앉은 채로 아침 햇살이 비치는 창밖을 응시하고 있는 모습을 포착하였다. 그는 누구를 기다리거나 무언가를 기대하는 밝은 표정의 여성이 아닌, 그저 멍하니 창밖을 응시하는 고독한 인간의 모습을 오롯이 드러낸다. 탄탄한 허벅지와 균형 잡힌 몸매에서 아직 모든 것이 끝난 그런 모습이 아닌데, 창밖과 안, 그 어느 곳에도 다른 사람은 없다. 꽃도, 화병도, 그 흔한 라디오나 가구도 없는 텅 빈 방에는 무미건조한 도시의 삶과 권태만 흐른다. 호퍼는 미국이 역사상 상대적으로 가장 넉넉하고 자신감과 열의가 충만했던 시기인 1950년대에 효용 지상적인 냉엄한 산업사회의 음울한 그림자를 예술적인 감각으로 투사하였다. 그는 공동체 생활이나 공동체 정신의 쇠퇴로 나타나게 될 사람들 간의 신뢰 상실이나 그 여파로서의 고독한 삶의 모습을 캔버스에 그대로 담아낸 것이다.

신뢰자본 연구에서 가장 대표적인 학자 세 사람을 구글에서 검색하면 아마 피에르 부르디외, 제임스 S. 콜먼, 로버트 D. 퍼트넘이 포착될 것이다. 그중, 유일한 생존자이자 하버드 케네디 스쿨 교수인 퍼트넘의 경우 1941년생이므로 적지 않은 나이지만, 계속 의미 있는 저술로 독자층이 넓고 두터워 출판사가 좋아하는 작가이기도 하다. 신뢰사회 형성 과정에서 공동체가 안고 있는 문제점에 대해 저술한 세 권의 저서 『사회적 자본과 민주주의*Making Democracy Work*』, 『나 홀로 볼링*Bowling Alone*』, 『우리 아이들*Our Kids*』 등이 유명하다. 퍼트넘은 미국 사회에서 1960년대 말부터 공동체 붕괴로 신뢰의 반지름이 계속 짧아지고 있는 현상을 우려하면서도, 공동체의 소생 방안에 대한 희망을 피력한다. 그는 개인의 발전과 자유의 신장을 위해서는 공동체의 가치와 공동체성 함양이 필수적임을 강조하며 '내리막 내러티브declensionist narratives'를 경계한다. 퍼트넘이 사용한 '나 홀로 볼링'이란 용어는 재미난 표현이다. 원래 볼링이란 팀을 나누어 게임을 하여 승패를 다투고, 피자나 맥주를 함께 즐기는 그런 경기다. 그런데 볼링을 혼자 한다는 것은 뭔가 이상하다. 친구도 없고 승패를 다툴 상대도 없으며 맥주를 곁들인 피자도 혼자 멍청하게 먹어야 한다. 누구도 원치 않는 길인데, 그 길을 우리가 자발적으로 걸어 들어가고 있는 모순적 현상을 퍼트넘은 '나 홀로 볼링'이란 책 제목을 통해 은유적으로 드러낸다.

비교적 최근인 2015년, 퍼트넘은 『우리 아이들』이란 저서에서 신뢰의 반지름이 짧아지고 있는 작금의 현상과 빈부 격차 문제가 결합되었을 때 어떤 심각한 문제가 빚어지는지를 보여주었다. 노력하면 누구든지 성공할 수 있다는 '아메리칸드림'이 어떻게 처참하게 무너졌는지, 사회·경제적 양극화와 부의 대물림 현상이 어떻게 심화되고 있는지, 미래를 박탈당한 아이들이 그 사회의 미래를 얼마나 어둡게 하는지를 그는 하나씩 하나씩 보여 준다. 1941년생인 저자가 대학을 갈 무렵인 1959

년 미국의 지역사회는 재능 있는 학생이 대학 갈 형편이 안 되면, 동네 차원에서 지원하는 메커니즘이 나름대로 존재했었다고 한다. 부유한 집안의 아이들과 가난한 집안의 아이들이 같은 학교에서 공부하고, 연애도 하고, 부모의 재력이 아이들 삶의 출발선에서 차이를 만든 것은 사실이지만 극복하지 못할 정도는 아니었다. 그 시절에는 공부 잘하는 아이들이 제대로 발전할 수 있도록 길을 열어 주는 것이 공동체 구성원 모두의 책임이었다. 그런데 지금은 경제 논리가 교육에 침투하고 공동체 역시 파편화되고 해체됨으로써 더 이상 예전과 같은 지역사회의 역할을 기대할 수 없게 되었다는 것이다. 그는 빈부 격차가 부유한 가정과 가난한 가정의 아이들을 주거, 생활, 교육 등의 공간에서 점점 더 분리시켜, 사회적 차원의 신뢰의 반지름이 점점 더 짧아지고 있는 미국 사회의 흐름을 걱정했다.

움베르트 에코는 그의 대표 저술 중 하나인 『장미의 이름*The Name of the Rose*』에서 신뢰가 방향을 상실했을 때 예상되는 맹목적 신뢰의 음산함과 두려움을 꼬집었다. 자신의 믿음에 대해서 따져 보고, 회의하고, 반성하는 과정이 생략된 맹목적 신뢰는 그것이 특히 타인의 믿음과 선호에 대해서 배타적으로 나타날 때 어떤 무서운 결과가 초래될 수 있는지를 '아프리카의 끝'이라는 극적 공간에서 보여 준다. 에코는 토리노대 재학 시절부터 공부한 중세철학 지식을 살려 14세기 초반 무렵의 중세 수도원에서 발생한 가상적 살인 사건을 『장미의 이름』의 무대로 설정한다. 그는 이 작품에서 인간의 이성을 바탕으로 한 합리적인 비판성과 삐뚤어진 신념의 맹목성을 극적으로 대비시킨다. 그리스의 현인 아리스토텔레스가 웃음에 대한 원리를 기록해 두었다고 전해지는 전설상의 저술인 『시학』 2권의 필사본'을 매개로 타락한 수도사들, 성직자들 간의 갈등, 등장인물들의 얽히고설킨 관계에서 빚어지는 음산한 불협화음을 그린다. 그 속에서 에코는 인간의 신념이 각자의 삶에 나침반과 같은 역할을 하지만, 인간의 신념이 떨지 않는 나침반처럼 고정되어 버리면 그릇된 믿음이 될 수 있음을 경고한다.

인간과 인간 간의 사랑이나 믿음의 경우 상대적인 것에서 절대적인 것으로 발전할 수 있다. 사실 공자와 맹자 같은 동양의 철인들은 인간의 끝없는 배움과 관계 형성 그리고 자기 수양을 통해서 상대적 신뢰의 인간관계에서 절대적 신뢰의 인간관계로 나아가고자 했다. 한평생 통치철학에 대해 고심했던 공자는 섭공이 정치政治에 대해 여쭙자, '근자열 원자래近者說 遠者來'라고 규정했다. 제대로 된 정치란 먼저 가까이 있는 백성들을 기쁘게 하고, 먼 곳에 있는 백성들을 돌아오게 하는 신뢰 관계라는 것이다. 개인의 경우에도 그의 결정이나 행동에 대해 가까이 있는 사람들이 기뻐하고, 먼 곳에 있는 사람들까지 기꺼이 동조한다면 그 결정이나 행동의 실체는 분명 상대적인 신뢰의 형태를 넘어서는 믿음의 단계를 보여 주는 것이다. 공자가 만년에 제자들에게 유훈처럼 남긴 말은 다른 사람들의 마음을 헤아리며 살아가라는 '서恕'였다. 다른 사람의 잘못에 대한 이해와 용서는 같은 마음[如心]이며, 현대적인 의미에서는 완전한 공감의 중요성을 강조한 것이다. 이는 인간관계에서 상대적인 신뢰의 중요성과 함께 절대적인 신뢰를 향해 나아가는 삶의 방향을 강조한 것이라고 볼 수 있다. 맹자 역시 이利에 따른 결정보다 의義에 따른 결정과 행동을 강조했다. 의에 따른 결정과 행동이 저절로 되는 것은 아니지만 인, 의, 예, 지 등의 덕德을 지속적으로 닦게 되면 인간 본래의 심성인 측은지심, 수오지심, 시비지심, 사양지심 등에 힘입어 의義에 따른 결정과 행동이 상당 부분 가능하다고 보았다. 이때의 의로운 결정과 행동은 상대적인 신뢰에 따른 결정과 행동을 넘어서 절대적인 신뢰에 토대한 결정과 행동으로 나아가는 방향을 제시하는 것이다. 그리고 이때의 절대적인 신뢰는 맹목적인 신뢰와는 차원이 다르다.

움베르트 에코가 적나라하게 지적한, 사회적 관계에서 자신의 믿음만을 옳다고 고집하고 여타의 주장이나 의견은 필요 없는 것 내지 존재할 가치조차 없는 것이라고 생각하는 믿음, 그에 따른 행동은 어떤 대가를 치르더라도 감행할 수 있다고 생각하는 맹목적 신뢰는 엄청난 파장을 몰고 올 수 있다. 자신이 옳다고 생각하는 것 때문에 경우에 따라서는 자신이 귀속된 집단 전체를 파국으로 몰고 갈 수도 있는 무모함이 맹목적 신뢰다. 이런 신뢰는 사실 굳셀수록 그 악영향이 더 클 수 있고, 우리 모두가 원하는 신뢰사회로 이행하는 데 해악을 끼치는 암초가 될 수 있다.

이탈리아는 글로벌 여행객들의 로망이다. 남부는 치즈, 와인 등 농작물 생산을 비롯하여 로마와 나폴리 등의 역사 유적과 휴양지로 명성이 자자하다. 북부는 밀라노 등 상공업 중심지가 발달해 있고, 북부와 남부의 중간 지역은 소위 제3 이탈리아 공업지구로 가죽, 섬유, 타일 등 생활용품들의 생산 특화가 독특한 기업 연계 형태로 잘 이루어져 있다. 밀라노는 패션, 기계 등 발전된 상공업뿐만 아니라 레오나르도 다빈치Leonardo da Vinci의 걸작인 〈최후의 만찬Ultima Cena〉이 벽면을 장식하고 있는 산타마리아 델레 그라치아 성당 등으로 유명하다. 그런데 여기까지다! 이탈리아의 밝은 면들을 바라보면 제대로 이해가 되지 않지만, 이탈리아의 청년 실업률은 유럽 전체 평균의 약 두 배인 35퍼센트를 넘어서는 것으로 알려져 있다. 총인구가 6천만 명이 되지 않는데, 540만 명 정도가 해외에 체류하고 있으며 그중 30퍼센트 정도는 전문직으로 알려져 있다. 일자리를 찾아서 나라를 떠나는 사람들이 줄을 섰는데, 그 중요한 원인 중 하나는 정치적 부패와 연고주의로 알려져 있다. 소위 '감사 답례' 형태로 사실상의 뇌물을 갖다 바치지 않으면 공공 부문의 일거리를 따낼 수 없다면, 그 감사 답례도 행정 담당자가 아니라 정당에 갖다 바쳐야 하고 정당의 중개 활동에 의해 사실상 공공 부문의 일거리가 배분되는 구조라면, 그 부패의 연결고리를 끊기가 매우 어렵다. 뇌물을 갖다 바치고 싶지 않지만, 그렇게 할 경우 그 주고받는 시스템으로부터 확실히 배제된다는 것을 관련자 모두가 알고 있다면 과연 누가 바르게 행동할 수 있겠는가. 아마, 대개는 뇌물을 바치고 그 액수를 공사비 청구서에 덧얹는 방법으로 살아남고자 할 것이다.[65] 더욱이, 능력에 따른 임용이 아니라 연줄에 따른 임용이 관례화되어 있으면, 젊고 도전적인 젊은이들은 그와 같은 상황을 받아들이기 어렵다. 학술적 용어로 이 경우를 '부정적 외부성negative externalities의 안정화' 사례로 보는데, 이 경우 개인이나 일부 집단이 그 시스템을 바꾸는 것이 사실상 불가능하고 결과적으로 부정적인 시스템이지만 안정화되어 지속되는 것이다. 바람직하지 않은 연계 형태가 고착화되어 우리가 원하는 '신뢰사회'에 역주행하게 되는 것이다.

2014년 4월, 『뉴스위크』 한국판에는 '불타는 나폴리'라는 아주 흥미로운 기사가 실렸다. 아름다운 휴양지로 알려져 있는 나폴리가 캠프파이어나 대형 화재가 아니라, 도시 전역에 널려 있는 쓰레기 더미와 그 속에서 피어오르는 매캐한 연기와 침출수로 전 세계에 유명세를 탔다.[66] 지역 마피아 조직인 카모라Camorra가 유해 폐기물 처리 건과 관련해서 시 당국과의 교섭에서 유리한 위치에 서기 위해 조직원들을 이용해서 생활 쓰레기 처리 업무를 마비시키고 도시 전역에 쌓여 있는 생활 쓰레기 더미에 산발적으로 불을 질러 시 당국을 압박한 것이다. 실비아 마르세티Silvia Marchetti 기자가 '불의 땅'이 되어 버린 나폴리에서 목격한 것은 특정 집단의 단단한 사회적 결속이 고착화되어 역주행하게 되면 문명사회에서도 어떤 결과가 초래될 수 있는지에 대한 참담한 상황이었다. 더 나아가서, 카모라는 조직원 관리 등을 위해 지역 교도관 시험 문제지를 미리 빼내서 조직원들 중 80여 명을 교도관 응시 시험에 부정 응시시켜 BBC 방송을 탔다. 문제는 마피아 조직원들이 잘못된 행동을 얼마나 많이 하느냐가 아니고, 그와 같은 특정 집단의 단단한 내부적 결속이 신뢰사회를 역주행시키면 통상적인 메커니즘으로는 그와 같은 부정적인 측면을 교정하기가 어렵다는 것이다. 물어보면, 그와 같은 상태를 누구도 원치 않지만, 일부 개인이나 집단이 그 상태를 개선하는 것은 불가능하다.

미국의 의회 로비 집단들의 경우도 유사하다. 총기류 오남용 문제가 끊이지 않고 발생하는 미국에서 버락 오바마Barack Obama 전 대통령이 총기류 사용 규제의 필요성을 언론에 피력해도 관련 법안이 의회에서 통과되는 것은 거의 불가능하다. 총기류 생산 업체들의 강력한 로비력과 소수 이익집단들의 결집성과 행동력은 다수 이해관계자들의 약한 이해관계를 쉽게 무력화시키기 때문이다.[67] 특히, 이와 같은 특정 집단의 단단한 내부 결속과 연대 활동이 사회를 역주행시킬 경우 다수의 사람들이 그 상황을 바람직하지는 않지만 부득이한 상황으로 받아들일 수 있다. 이와 같이, '부정적 외부성의 안정화'가 나타나게 되면, 일반 대중들의 냉소적 경향과 자위적 성향을 부추겨서 탈신뢰사회로의 길로 나아가게 된다.

언젠가 복거일 작가는 한 일간지 칼럼에서, 우리가 고쳐 나가야 할 행동 규범 관련 이야기 중에 목욕탕에서 물 낭비하는 우리들의 모습을 꼬집은 적이 있다. 샤워기를 틀어 놓고 딴짓을 하는 사람들의 생각 없는 행동에 대해, 그냥 못 본 척할 것이 아니라 듣기 싫은 소리를 해야 한다는 것이다. "당신이 뭔데?"라는 말을 들을 수 있지만, 싫은 소리를 하는 것이 건전한 시민의식이라고 본 것이다. 싫은 소리를 할 용기가 없으면 적어도 그런 지적을 하는 사람의 입장에 동조라도 해야 한다는 것이 초점이었는데, 자신과 직접적으로 관련 없는 사안은 못 본 척하는 경향이 있는 우리에게 그가 던진 화두는 사소하지만 뜨끔한 지적임이 분명했다. 그런데 그의 지적을 다시 들여다보면 사소한 내용 같지만 결코 그렇지 않다. 목욕탕에서 물 낭비하는 사람들의 행동을 지적하는 것은, 우선 그와 같은 바람직하지 않은 행동을 줄여 나가는 데 기여할 수 있을 뿐만 아니라, 동시에 유사 행동을 따라할 수 있는 소지가 있는 사람들에게 경종을 울릴 수 있다. 적어도, 다른 사람의 물 낭비를 지적하는 사람은 자신은 그러지 않을 가능성이 높고, 유사한 다른 행동들, 예컨대 도심 가로에 담배꽁초를 함부로 버리는 행동, 가래침을 함부로 뱉는 행동, 횡단보도 신호를 무시하고 건너는 행동, 실내등을 그대로 켜 둔 채 아무도 없는 교실을 휙 나가 버리는 무책임한 행동 등을 하지 않고 스스로를 규제할 것이기 때문이다. 현대적 도시 생활에서 삶의 질의 상당 부분은 그런 사소한 것 같은 일탈을 줄임으로써 높여 갈 수 있다. 따라서 자신이 보기에 별것 아니라고 생각하는 간단한 위반을 되풀이하는 사람은 다른 사람들의 관련 위반을 부추기고 확대 재생산해서 우리 모두의 삶의 질을 떨어뜨리게 되는 것이다.

개인이나 집단행동의 일탈이 신뢰사회 형성에 미치는 부정적인 측면을 지적했지만, 공공 부문의 제도와 공직자들의 행태 역시 신뢰사회 형성에 부정적으로 작동할 수 있다. 이미 오래전 19세기에 프랑스 역사학자이자 정치가였던 알렉시 드 토크빌Alexis de Tocqueville은 그의 저서 『미국의 민주주의*Democracy in America*』에서 부드러운 전제soft despotism의 폐해를 지적했다. 분명하게 드러나지도 않고 잘 인지되지도 않지만, 정부의 작지만 복잡한 규칙들의 네트워크로 인해 시민의 무력화, 공포, 불안정성 등이 야기될 수 있음을 우려했다. 그는 이 문제를 풀어 가기 위해서 시민 문화의 작동이 필요하다고 보았고, 미국 사회의 경우 그 시민 문화로 인해 시민들의 '올바르게 이해된 자기 이익' 추구 활동이 현실에서 작동하고 있음을 관찰했다. 사람들은 일상생활에서 주고받는 협력 행위를 통해 자기 이익을 추구할 뿐만 아니라 공공생활에 필요한 기본지식을 학습하고 이해 능력을 쉽게 개발해 갈 수 있음을 강조한 것이다.

국내외적으로 염치없는 엘리트 집단의 비도덕적인 행동이 사회의 근간을 뒤흔든다. 아흔아홉 석을 가진 사람이 한 석 가진 사람의 농도를 빼앗아서 백 석을 채우고 싶어 한다는 인간의 탐욕에 대한 풍자적인 표현이 있다. 그렇게 하지 않아도, 이미 출발선에서 훨씬 유리한 상태에 있는데도 불구하고 반칙을 통해서 약자의 가슴을 후벼 파는 몰염치한 행태가 사회 전체를 냉소사회 내지 절망사회로 몰아가고 있다. 엘리트 집단의 염치

없는 행동 중 대표적인 것은 동서양을 막론하고 자녀들의 입학, 취업 등에서 부모의 사회적 영향력에 의한 특혜나 새치기를 하는 것이다. 우리나라는 '신뢰의 반지름'이 짧은 나라라는 따끔한 지적을 받을 만큼 가족에 대한 밀착도가 유난히 높다. 그중에서도 자녀들의 성공 내지 출세에 대한 부모들의 집착이 유독 강하다. 사회적으로 존경받을 만한 위치에 있고 그 행동 역시 모범적인 사람들 가운데서도, 유독 자녀들 문제에 있어서만은 눈이 어두워지는 경우가 빈번하게 나타나는 게 우리 사회다. 아마 누구도 이 사안으로부터 자유롭지 못할 것이다. 우리의 경우 외부인을 가족의 일원으로 받아들일 수 있는 메커니즘이 사실상 거의 없다. 혼인 관계를 통해 간접적인 혈연의 형태로 가족의 성원으로 받아들여지고 있지만 나름대로 한계가 분명 있다. 입양을 통한 가족 관계 형성 비율이 여타 사회에 비해 유난히 낮은 것 역시 혈연에 집착하고 신뢰의 반지름이 짧은 문화에 기인한다. 혈연을 통해 세대에서 세대로 이어지는 삶의 영속성을 기대하는 문화가 한민족韓民族의 DNA에 깊이 각인되어 있는지 모른다.[68]

현대 문명 생활에서는 사실 나침반이 별로 필요 없다. 자동차로 길을 갈 때는 내비게이션에 의존하면 되고, 도로 곳곳에는 표지판이 설치되어 있어 그대로 따라가면 된다. 그런데 오지나 깊은 산속에서 조난을 당했을 때는 어떨까? 안소니 홉킨스와 알렉 볼드윈이 주연한 〈디 엣지The Edge〉라는 영화를 보면, 경비행기가 알래스카 북쪽을 나는 철새 떼와 부딪혀 승객들이 깊은 오지 산속에서 조난을 당하게 된다. 간신히 살아남은 억만장자 찰스 모스(안소니 홉킨스 분), 전문 사진작가 밥 그린(알렉 볼드윈 분), 밥의 어시스턴트, 이 세 사람이 태양과 별의 위치 그리고 옷핀 등을 이용해서 길을 찾아가는 모습이 나온다. 눈대중을 통한 방향 잡기는 깊은 오지 산속에서 전혀 통하지 않는다. 결국 하루 종일 방향을 잡아 걸었는데도 저녁에 도착해 보니 어제 저녁 자신들이 모닥불을 피웠던 바로 그 자리로 돌아 왔음을 깨닫고 세 사람은 절망한다. 이럴 경우, 동서남북을 알려 주는 나침반이 삶의 동아줄 역할을 할 수 있다. 그런데 만약 나침반이 있기는 있는데 어디를 가도 동일한 방향만 가리키도록 나침반의 침이 고정되어 있으면 어떻게 될까? 나침반은 원래 그것을 들고 있는 사람이 언제 어디에 있어도 그 사람에게 북쪽과 남쪽을 정확하게 알려 주기 위해 자침이 끊임없이 흔들린다. 만약, 자침이 흔들리지 않고 딱 고정되어 있으면 그 나침반은 실제 없는 것보다 못하다. 잘못된 정보를 줄 수 있기 때문이다. 지식인들이 자신들도 잘 모르는 사실을 불변의 진리처럼 떠들고 다닌다든지, 정치인들이 다양한 사람들의 선호나 기대를 두루 포용하지 않고 일방의 주장만 고장 난 축음기처럼 되풀이해서 왼다든지, 종교인들이 다른 사람들의 믿음이나 행동을 나름대로 재단해서 악마의 속삭임이나 마녀의 주술로 규정한다든지 하는 것은 흡사 고장 난 나침반의 침처럼 없는 것보다 더 나쁜 결과를 초래할 수 있고 따라서 신뢰사회의 적이 될 수 있다.

아름다운 유산

절제력과 공감력 등의 아름다운 유산을
이 시대를 사는 우리 자신을 위해서도 그렇고 우리 아이들을 위해서도
키워 주고 물려줘야 한다.
현대의 생활 환경 자체가 건강한 삶과 본질적으로 거리가 있고,
이 시대의 삶에서 우리가 가장 허기져 하는 것은
실제 인간적 감성 내지 공감이기 때문이다.

건강이 중요하지 않다고 이야기하는 사람이 있을까. 현대인들의 삶에서 비만, 나쁜 식습관, 흡연, 운동 부족 등의 문제를 모르는 사람이 얼마나 될까. 대부분의 건강 문제가 한두 번의 잘못된 선택이나 우연에 기인하는 것이 아니라, 우리의 일상 속 생활습관에서 빚어지고 있는 문제란 것을 모르는 사람은 거의 없다. 한 시간 전 저녁을 배불리 먹었는데도 눈앞에 놓여 있는 딸기 케이크 한 조각이나 뉴욕 치즈 케이크 한 조각을 외면하기는 쉽지 않다. 목이 마를 때 생맥주 한 잔과 닭튀김 한 조각은 오히려 건강에 좋을 것 같다는 생각도 든다. 오죽하면, 미국에서는 비만 때문에 위장의 일부를 잘라 내는 위 절제술이 어엿한 비즈니스로 자리 잡고 연간 20만 건 이상의 시술이 보도될까 싶다. 물론 우리가 일상에서 자제력을 시험받는 대상이 음식 종류만은 아니다. 대학 구내 화장실에는 게임 등 바람직하지 않은 활동을 차단해 주는 앱을 설치하라는 광고 문구가 이곳저곳 붙어 있다. 따분한 일상에서 자극적인 컴퓨터 프로그램은 항상 우리를 유혹하고, 자녀를 키우는 부모들은 이 문제로 아이들과 갈등을 겪는 경우가 적지 않다. 게임 한번 한다고 공부를 못하는 것도 아니고, 부정적인 영향은 거의 제로에 가까운데, 왜 우리는 이런 문제에 이렇게 휘둘리고 살까. 딸기 케이크 한 조각을 맛있게 먹는다고, 찬 생맥주를 시원하게 한 잔 들이켠다고 해서 바로 성인병에 걸리는 것도 아닌데 말이다.

문제는 우리가 일상에서 그렇게 이성적이지도 않고 언제나 합리적으로 판단하는 실체도 아니라는 데 있다. 아는 것과 그것을 실천하는 것 사이에는 예상 외로 큰 간극이 있는 경우가 드물지 않다. 영상 매체의 자극이 있는 경우는 더 말할 것도 없다. 멋진 배우가 텔레비전 화면에서 맥주를 들이켜기라도 하면 괜히 맥주 생각이 나고, 잘 튀겨져 갈색빛이 살짝 도는 닭다리라도 뜯고 있으면 갑자기 군침이 돌고 배도 고픈 것 같다. 다섯 살 아이들에게 좋아하는 마시멜로를 주면서 선생님이 돌아올 때까지 먹지 않고 잘 가지고 있으면 상을 주겠다고 이야기하고 몰래 관찰해 보면 그 결과는 어떨까? 실제 실험을 해 보니, 그냥 바로 먹어 치우는 아이, 제법 긴 시간 참다가 먹는 아이, 먹고 싶은 것을 참기 위해서 몸을 비비 꼬며 딴짓을 하는 아이 등등이 있었다. 문제는 아이들 간에 참을성에서 차이가 있었고, 10년 후와 20년 후 조사해 보니 지시한 대로 잘 참고 견딘 아이는 학업 성적도 우수했고, 학력도 높았고, 약물 중독이나 섭식 장애도 드물었다. 자기 통제력이 높은 아이들이 지능 지수나 사회적 출신과 무관하게 범죄, 중독, 건강, 금전과 관련된 문제와는 거리가 있음이 밝혀진 것이다.[69, 70] 여러 유사 연구 결과들은 거의 모두 지금 우리가 예상하듯이 아이들의 자기 통제력 수준이 그 아이들의 성년의 삶에 여러 형태의 영향을 미치는 것으로 나타났다.[71]

단일 변수로서 자기 통제력이 다른 중요 변수인 지능이나 사회적 환경처럼 우리 삶에 큰 영향을 미치고 있는 것은 분명하다. 더 중요한 사실은 자기 통제력이 사람마다 차이가 있고 여타 자극에 쉽게 오르락내리락한다는 것이다. 미국인들의 과체중 현상의 일등 공신이 전자레인지가 아닐까 하는 흥미로운 주장이 제기된 적이 있다. 사실, 미국인들의 과체중이 본격적으로 문제되기 시작한 것은 대략 1980년대부터이고, 이 시기에 전자레인지가 보편화됐다는 것은 우연으로 보기 어렵다.[72] 찬 맥주 한 잔과 튀긴 닭다리 하나를 먹고 싶은데, 그걸 가게까지 사러 가야 하는 경우와 거실 냉장고에서 닭다리를 꺼내 전자레인지에서 몇 분 데우면 되는 경우를 대비해 보면 답은 자명하다. 외투라도 하나 걸치고 멀리 떨어진 편의점이나 닭튀김집까지 갔다 오는 것은 만만치 않은 일이다. 대중교통이 발달해 있지 않은 미국의 경우는 더욱더 그렇다. 뿐만 아니라, 현대 광고 기술의 발전에 따라 우리는 일상의 세세한 선택과 실행 과정에서 기업의 마케팅 전략을 우리 스스로의 선택으로 받아들이고 그냥 수동적으로 실행하고 있는지도 모른다. 오래전 스피노자Benedict de Spinoza의 명언처럼 인간은 스스로 자유롭다고 믿는 점에서 기만당하고 있을 수도 있다.[73] 자신의 행동을 결정하는 진짜 원인에 대해서는 대개 무지하기 때문이다.

아리스토텔레스는 그의 저서 『니코마코스 윤리학』에서, "나는 적을 정복하는 사람보다 욕구를 극복하는 사람이 더 용감하다고 생각한다. 스스로와의 싸움에서 승리하는 것이 가장 어렵기 때문이다"라고 했다. 아리스토텔레스는 우리의 삶이 지향하는 것은 단순한 기쁨이나 재미와 구별되는 올바른 삶이어야 한다고 보았다. 그 올바른 삶은 즐거움을 과도하게 추구하는 것도 아니고, 지속적인 절제에 있다고도 보지 않았다. 과잉과 결핍 모두를 피해 중도中道를 지켜 가는 것이 행복한 삶이라고 보았다. 그는 상황에 맞게 자신의 행동을 조절할 수 있는 사람을 '훌륭한' 사람으로 보았고, 조절 능력이 부족한 사람을 '저속한' 사람이라고 규정했다. 결국, 올바른 길을 선택하고 나아가려면 지혜와 노력이 필요하며, 바람직한 습관을 형성하고 좋은 친구가 옆에 있으면 관련 어려움을 극복하는 데 도움이 된다고 보았다. 다만, 그와 같은 올바른 길을 택해서 나아가는 것은 영혼의 도덕적인 활동이며 평생에 걸쳐 이룩해 가야 하는 과제로 보았다.[74] 삶은 각자가 나름의 무거운 짐을 지고 먼 길을 가는 것과 같다.

현대사회의 자녀 양육 방식에는 동서양을 막론하고 두 가지 공통 특성이 있다. 하나는 자녀 교육에 대한 투자를 아끼지 않는다는 것이고, 다른 하나는 자녀의 기 살리기가 끝이 없다는 것이다. 어느 시대건 자녀 교육에 무관심한 때가 있었겠냐마는 아이들의 재능을 중요시했고 모두가 고등교육에 그렇게 목을 매지는 않았었다. 그런데 어느 때부터인가 '재능'이란 변수보다 '투자'와 '비즈니스'라는 변수가 교육의 무대 한가운데에서 스포트라이트를 받고 있다. 비즈니스 마인드에 입각한 고투자 고성과가 개인적 성공의 롤 모델role model로서 동서양을 막론하고 거의 이의 없이 받아들여진 것이다. 그 과정에서, 이전 세대에 비해 자녀의 다양한 과외 활동에 많은 시간과 노력 그리고 돈을 쏟아붓고 있다. 또한 "넌, 무엇이든 할 수 있어" 내지 "네가 최고야"라는 말을 끊임없이 듣고 자란 아이들은 자연스레 자신을 우주의 중심에 갖다 놓는다.

스스로에게 자신감을 갖는 게 뭐 나쁘겠냐마는 타인 역시 우주의 중심에 존재할 수 있는데, 자신도 모르게 타인을 자신을 위한 부수적인 존재이자 '이용의 대상'으로 바라보는 마음을 스멀스멀 키워 가게 된다. 세상이 '나'와 '나 아닌 중요하지 않은 것들'로 나뉘는 것이다. 모든 협력 과정에서 자타 등가성self-other equivalence이 출발점인데 그 원칙이 퇴색하거나 사라지는 것이다. 성장 과정에서의 강한 자기중심성은 높은 포부로 나타날 수 있지만, 현실과 이상 간의 극복하기 힘든 현실적 갭은 오히려 장차 극단적인 무력감이나 우울증으로 표출될 수도 있다. 데이비드 브룩스는 비즈니스 마인드의 교육 투자와 지나친 자기중심성은 상호작용을 통해 조건부 사랑 형태로 표출될 수 있음을 우려했다.[75] 성과급 형태의 조건부 사랑은 성과 기대를 충족시킬 경우에만 지속될 수 있는 얼룩진 사랑이고 관계 약자의 입장에선 두려움이 내재된 사랑이라는 것이다. 결과적으로, 성과급 형태의 조건부 사랑은 아이들의 내적 판단 기준을 서서히 침식시키는 산酸과 같이 작용할 수 있다. 아이들이 앞으로 인생을 살아가면서 여러 가지 관심 영역, 커리어, 결혼, 그리고 인생 전반에 대해 매 순간 스스로 판단하고 결정 내리는 능력을 부식시키는 어리석은 사랑에 우리가 매달리고 있는 것은 아닌가 하는 것이다.

부모의 영향을 어떻게 한두 가지로 간단히 규정할 수 있을까. 어떤 부모를 만나느냐에 따라 한 사람의 전반부 인생 행로는 크게 영향을 받을 수밖에 없다. 육체적인 능력, 두뇌의 능력, 사회·경제적 능력, 특히 사회성이나 인품 등도 상당 부분 물려받을 것이다. 모든 사람이 김연아나 손흥민 같은 대단한 스포츠 스타가 될 수는 없다. 타고난 신체 조건이 다르고, 근성GRIT에서 큰 차이가 있고, 어려서부터 시작해야 하는 최적의 경로 설정과 교육에 필수적인 열정적인 부모를 만나기도 어렵다. 개인의 두뇌도 부모로부터 50~80퍼센트 정도 영향을 받는 것으로 알려져 있다. 예일대 심리학자인 제레미 그레이Jeremy Gray 나 UCLA의 신경 과학자 폴 톰프슨Paul Thompson 등에 따르면, 두뇌 가운데 특정 부분의 구조는 유전성이 매우 강해서 자라면서 사회적 환경의 영향을 그리 크게 받지 않는다고 한다.[76] 결국, 육체적인 조건이나 성격, 두뇌까지도 유전적 영향이 큰 것으로 알려져 있어 부모와 별개로 자녀의 인생 행로를 이야기하는 것은 대개 실제성이 별로 없다. 더욱이, 신분제 사회가 아니라 하더라도 부모로부터 사회·경제적 지위를 상당 부분 물려받는 것이 사실이므로 사회·경제적 계층이 존재하지 않는다고 볼 수 없다.[77] 그런데 우리가 잘 알고 있는 위대한 인물들 중에 조실부모했거나 아주 어려운 처지에 있었던 경우가 적지 않음은 왜일까?

만세의 목탁으로 칭송받는 공자의 경우 무녀의 딸이었던 16세 안징재와 하급 무사 출신의 60대 노인인 숙량흘 간의 야합으로 태어났다.[78] 공자는 세 살 때 아버지가 세상을 떠나 아버지의 묘소가 어디인지 몰랐다고 한다. 동학 교주 최제우 역시 성인이 되기 전에 부모 모두 별세해서 부친의 삼년상을 마친 20세부터 10년간 조선팔도를 유랑하며 새 시대를 열어 갈 이념을 정립한다. 최제우는 어릴 때 세상을 뜬 모친이 재가녀再嫁女라 자라면서 차별과 모멸을 받았다고 한다.[79] 위대한 문학가인 영국의 윌리엄 워즈워스William Wordsworth나 러시아의 레프 N. 톨스토이Lev N. Tolstoy도 모두 어린 시절 부모를 여의고 친척집에서 성장했다. 르네상스의 위대한 천재 레오나르도 다빈치Leonardo da Vinci도 동양적 기준에 의하면 신분 차이가 있는 부모가 야합하여 태어났다. 미혼모의 아들이었던 스티브 잡스Steve Jobs 역시 노동자 계층이었던 고졸의 양어머니와 중졸의 양아버지 밑에서 성장했다.[80] 이렇게 어렵고 불우한 처지의 아이들이 어떻게 한 시대를 풍미하는 위대한 사람이 될 수 있었을까. 분명한 것은 불우한 처지가 그 사람들의 성장 과정에 불리하게 작동한 것이 아니라는 점이다. 흡사 명검이 탄생하는 과정에 필수적인 수많은 담금질의 단계처럼 불우한 처지가 진정한 예리함과 강함을 부여한 것이다.[81] 단순히 생각하면, 교육도 많이 받고 부유하고 건강한 부모들에게서 태어난 아이들이 그렇지 않은 아이들에 비해서 모두 잘되어야 하는데 그렇지 않을 수도 있다는 것이다. 오히려 반대의 결과가 나타날 수도 있다는 것을 현실의 여러 예를 보면 충분히 짐작할 수 있다. 자신만의 독창적인 관점, 그것이 진리든 예술이든 비즈니스든, 어려운 처지에서 창조의 꽃이 필 수 있는 것이다. 동시에 부모의 물질적·신분적 풍요는 자녀들에게 독이 될 수도 있다.

품격, 배려와 여유, 그리고 성실성까지 갖춘 자녀의 모습을 보고 싶지 않은 부모가 있을까? 이와 같은 특성들이 저절로 갖추어질 수 있다고 생각하는 부모가 있을까? 좋은 롤 모델로서의 모습에 대해 한 번도 생각해 보지 않은 부모가 있을까? 우리가 지금 무엇을 어떻게 하면 완전하지는 않다고 하더라도 '좋은 무엇'을 다음 세대에게 물려줄 수 있을까? 마시멜로 실험 결과를 다시 언급할 필요도 없이 자제력이 한 인간의 삶에 다양한 형태로 영향을 미치는 것은 분명하다. 문제는 현대사회에서 한 인간의 자제력이 이성적인 틀의 범위 내에서 발휘되기에는 일탈의 유혹이 너무 광범위하고 지나치게 강렬하다는 것이다. 심리학자 마크 R. 리리Mark R. Leary에 따르면, "인간은 오늘날 현대생활에서 요구되는 수준의 자제력을 발휘하도록 진화하지 않았다. 사실 우리의 삶은 인류가 처음 등장했을 때보다 훨씬 많은 선택과 결정으로 가득 차 있다. 같은 무리에서 평생을 보내고, 같은 영역을 배회하며, 고작해야 하루 이틀 후의 계획을 세우며 동일한 문화적 전통을 지키던 선사시대의 조상들은 현대인들이 매일 결정해야 하는 수많은 선택에 직면하지 않았을 것이다." 현대인의 생활이 선사시대 인간의 삶보다 더 나쁘다는 게 아니라, 오늘날 우리는 훨씬 더 많은 자제력을 요구하는 일상 환경에 놓여 있다는 사실이 문제인 것이다. "인간은 앞을 내다보고 그에 따라 방향을 잡아가며 필요한 경우에 만족을 지연할 수 있도록 진화했다. 그러나 순식간에 맛좋은 음식을 얻을 수 있고, 반나절 동안 사람들 수천 명을 만나고, 카드 몇 번 긁는 걸로 1년 치 연봉을 써 버릴 수 있는 세상에 대처하도록 진화하지는 않았다. 현대생활은 매우 높은 수준의 자제력을 요구하며, 그 부작용 중 하나가 자제력에 대한 피로감이다."[82] 현대 생활 자체가 자제력 잔고가 만성적으로 부족할 수밖에 없는 상황이라는 것이 핵심이다. 그렇다면 어떻게 해야 하는가?

자제력 잔고가 유용하지만 늘 마이너스가 되기 쉽다는 '불편한 진실'을 우리가 진정으로 받아들인다면, 역으로 기회 있을 때마다 그 잔고를 차곡차곡 쌓아 가는 것이 지혜로운 선택이 된다. 아리스토텔레스의 오래된 지적처럼, 멋진 인간이 되기 위해서는 상황에 맞춰 자기 행동을 조절하는 것이 필수적인데, 그 과정에서 바람직한 습관 형성이 중요한 역할을 하게 되는 것이다. 예컨대, 가능하면 어려서부터 절제와 같은 좋은 습관을 키워 놓으면 나중에 커서 그렇게 고통스럽지 않게 자신에게 도움이 되는 올바른 선택을 할 수 있다. 마치 은행에 저금을 미리 해 놓으면 나중에 형편이 어려워졌을 때 요긴하게 찾아 쓸 수 있는 것과 같은 이치다. 습관이란 한번 자리를 잡게 되면 누구든 쉽게 바꾸기 어려운 부담스런 행동 방식이지만, 역설적으로 좋은 습관을 키워 놓으면 별로 어렵지 않게 옳지 않은 것들로부터 스스로 거리를 둘 수 있게 되는 것이다.

좋은 습관은 그 자체로 소중한 자산이다. 동일 맥락에서, 탈무드는 "가장 작은 임무를 적극적으로 완성하고 위반을 멀리해야 한다. 하나의 임무는 또 하나의 임무를 불러오고, 하나의 위반 역시 또 다른 위반을 불러온다"는 점을 강조했다. 심리학자인 안젤라 L. 덕워스Angela L. Duckworth 역시 학생들의 학업 성적에 전통적인 지능지수IQ보다 자제력 점수가 더 중요하다는 사실을 실험을 통해 밝혀냈다. 약속을 지키고, 장기 목표를 위해 노력하고, 그 과정에서 어려운 시기를 참고 견딜 줄 아는 능력이 학업뿐만 아니라 직장 생활에서의 진정한 경쟁력이라는 것이다. 자제력이 바닥나 있는 사람은 자제력에 약간의 부담만 가해져도 그걸 이겨 내지 못하고 형편없는 유혹(섹스, 오락, 음식 등)에도 쉽게 무너져 버린다는 실험 결과들이 적지 않다. 평소에 조금씩 자제력 훈련을 해서 '의지 근육'을 키우면 정작 그 근육이 필요한 시기가 왔을 때 큰 어려움 없이 위기나 유혹을 극복해 갈 수 있는데도 말이다. 특히, 자제력 훈련이 어린 시절에 이루어지면 더 효과적인 것은 말할 필요도 없다. 더욱이, 자제력 계좌에 쌓아 둔 자제력 포인트는 잔고만큼만 혜택을 베풀어 주는 것은 아니다. 위기나 유혹의 시기가 왔을 때 바로 초기에 그 잔고를 필요한 만큼 자유롭게 꺼내 쓸 수 있게 됨으로써 평균 잔고 대비 몇 배 또는 몇 십 배의 효과를 거둘 수 있다.

정신과 의사들이 공통적으로 아이들의 자제력 부족 현상에 부모들의 책임을 거론하는 것도 좋은 습관을 키워 주지 못하는 부모들의 짧은 생각을 우려하기 때문이다. 아이들이 어려움을 겪지 않도록, 춥다고 하면 바로 차를 태워 주고, 사고 싶다고 하면 바로 사 주는 것이 아이들에게 독이 될 수 있다고 경고하는 것이다. 참고 견디는 과정을 통해 자제력이 길러지는데 그 과정을 생략해 버림으로써, 의도하지는 않았지만 결과적으로 아이들을 망치고 있다는 것이다. "(시련이) 너를 파괴시키지 않는다면, 너를 강하게 만들 것"이라는 프리드리히 니체Friedrich Nietzsche의 말이 그렇고 그런 얘기가 아닌 것이다. 자신의 앞에 놓인 유혹이나 시련을 극복하는 과정에서 자신감과 의지력이 쌓인다. 의지 근육이 있어야 카르페 디엠도 가능한데, 운동 능력을 키워 놓지 않아 아무런 스포츠도 즐길 수 없는 사람으로 만들어 버리면 그 미래가 얼마나 끔찍하겠는가.

편협한 자기중심성을 극복할 수 있어야 원만한 관계 형성이 가능한 것은 분명하다. 상대편을 배려하고 이해할 줄 아는 능력은 인공지능이 할 수 있는 영역이 아니다. 타인의 입장을 이해하는 능력은 그 영향이 타인에게만 한정되는 것은 아니다.

사실, 우리가 삶의 경로를 잘못 설정하게 되면, '나' 아닌 존재는 모두 '나와 상관없는 타인'이 될 수 있다. 우리가 가장 가깝다고 생각하는 가족조차 대상이나 수단으로 인식될 수도 있는 것이다. 톨스토이의 명작 「이반 일리치의 죽음The Death of Ivan Il'ich」에서 사회적으로 성공가도를 달리던 이반 일리치가 중병에 걸려 절망한 것은 증상 자체의 위중함도 위중함이지만 가족들에게 자신이 하나의 대상이나 수단으로 인식되고 있다는 점 때문이었다. 더 나아가서, 그에 대한 궁극적 책임이 다른 데 있는 것이 아니고 잘못 살아온 자기 자신에게 있는 것이 아닐까 생각한 순간에 이반 일리치는 깊은 회한에 빠진다. 가족 관계에서 왜 우리가 조건부 사랑을 해서는 안 되는지, 왜 우리가 삶에서 상대의 아픔을 함께 아파하는 '공감의 미'를 놓치면 안 되는지를 톨스토이는 이반 일리치를 통해 이야기하고 있다.

절제력과 공감력 등의 아름다운 유산을 이 시대를 사는 우리 자신을 위해서도 그렇고 우리 아이들을 위해서도 키워 주고 물려줘야 한다. 현대의 생활 환경 자체가 건강한 삶과 본질적으로 거리가 있고, 이 시대의 삶에서 우리가 가장 허기져 하는 것은 실제 인간적 감성 내지 공감이기 때문이다. 더욱이, 인간적 감성 자체가 인공지능 시대에 전자 기술이 대체할 수 없는 중요한 영역임이 분명하므로 우리가 다시 한번 이와 같은 자산들을 찬찬히 들여다볼 필요가 있다. 이런 맥락에서, 특히 우리 아이들이 어릴 때 자신의 본능적인 욕구를 통제하고 상대를 배려하는 좋은 습관을 쌓아 갈 수 있도록 기회를 만들어 줄 필요가 있다. 그리고 이와 같은 역량의 형성은 부모의 본능적인 욕구와 충돌할 수 있음을 인지해야 한다.

아이가 스스로 극복해 갈 수 있는 어려움과 고통은 당장은 힘들고 마음이 급하더라도 멀리서 지켜봐 줘야 한다. 사실 대부분의 부모들은 이 문제를 상당 부분 인식하고 있고 나름대로 열심히 노력하고 있다. 다만, 부모들 역시 한 인간으로서 현대적 삶의 유혹에 넘어지기도 하고 흔들리기도 하고 잊어버리기도 하는 것이다. 때로는 부모가 아무리 삶의 지혜를 전수해 줘도 그리스 신화의 '이카루스의 날개'처럼 아이들에게는 파멸의 계기가 될 수도 있다.[83] 그 외, 자기 자식에 대한 무조건적인 편애나 비정상적인 학대, 둘 다 동일한 뿌리의 위험 요소임을 지속적으로 인지할 필요가 있다. 그리고 이런 역량의 형성은 부모의 말이 아니라 행동을 통해서 학습된다는 점에 유의해야 한다. 아이들은 자신의 선생님과 친구들 그리고 동네 이웃들을 부모가 어떻게 대하는지를 보고 배운다. 부모의 아름다운 유산은 아이들의 삶의 긴 여정에서 상호 연결되어 서로 영향을 주고받으면서 상승 작용을 하게 될 것이다. 요소들 간 증폭 효과가 예상되고, 처음에는 작은 차이가 나중에는 큰 차이로 귀결될 것이다.

평생을 민족의 자주와 독립을 위해 헌신한 백범 김구 선생의 경우, 만년에 자신의 조국이 '아름다운 나라'가 되길 소망했다. 남의 나라를 침략하는 강함이 아니라, 스스로 자기 나라를 지킬 수 있는 힘을 원했다. 다른 사람들의 아픔에 공감하고 서로 협력해서 노력하는 행복 사회를 이룰 수 있는 문화의 힘을 꿈꿨다. 아름다운 국토, 아름다운 사회, 아름다운 사람은 하늘에서 뚝 떨어지는 것이 아니다. 우리가 가꾸고 키워 가야 할 소중한 공통 자산들이다. 김구 선생이 소망했던 아름다운 나라와 높은 문화의 힘 역시 우리가 상황에 맞게 우리의 행동을 조절하는 힘을 키우고 편협한 자기중심성을 극복해 가는 과정에서 얻어지는 것이다.

3분 36초

신이 존재한다면 어떤 행동에 대해 신은 인간의 셈법에 비해
훨씬 더 깊고 넓게 고려할 것이므로,
즉각적이고 특정한 이해관계가 아님에도 상대편의 입장에서
그 상대를 고려하는 선행을 더 높게 포상할 것이다.

매 학기 중간고사 주간 후 첫 시간, 깨알같이 쓴 답안이나 의사들의 날려 쓴 처방전 같은 답안 때문에 채점자들의 고충이 어떤지에 대해 학생들에게 이야기하곤 한다. 답안을 작성하는 학생들은 그런 춤추는 잔글씨도 잘 보이겠지만 쉰 살 교수들의 눈은 이미 탄력성을 잃어 그게 잘 보이지 않는다. 심한 경우, 채점자의 눈은 고문 모드에 진입하게 되고 짜증과 함께 미간 주름만 깊어진다. 도대체 누가 그 순간에 '힘'을 가지고 있는지 깨닫지 못하고 자신의 입장에서만 사물을 바라보고 행동하는 늦된 학생들 때문에 나이 든 교수는 답답하다.

그런데 아마 필자는 깨알 글씨나 날려 쓴 글씨로 미간 주름이 깊어지는 교수들 중 이해도가 높고 관대한 사람 축에 속할 것이다. 그 사연은 이렇다. 어느 명절 날 우리 집 아이들과 조카들이 방 안 가득 모여 노는 것을 보니, 큰조카와 우리 집 아이의 글씨가 완전 깨알이 춤을 추는 형국이었다. 우리 아이는 왼손잡이를 오른손으로 글씨를 쓰도록 요구하다가 필체가 나빠졌다고 생각했는데, 그렇지 않은 큰조카도 필체가 형편없었다. 컴퓨터 공학과 수학을 전공하는 아이들이고 자기들 일은 그럭저럭 잘하는데 필체가 형편없으니 머리가 나쁘다거나 그저 성의가 부족하다고 할 수도 없다. 자기들 일은 대부분 컴퓨터로 처리하고 있기 때문에 문제가 안 된다고 하니 그냥 받아들일 수밖에 없었다. 지금은 서구 사회로 가는 유학생들이 영어를 비교적 자유롭게 구사하지만, 한두 세대 전만 하더라도 영어 표현이 서투른 경우가 적지 않았다. 영어 표현이 서투른 것과 사고의 체계성은 사실 별개인데, 경험이 많지 않은 서구 사회 교수들은 영어 표현이 서투른 학생의 경우 사고 자체도 비체계적이라고 오인하는 경우가 있었다. 사실 나 역시, 필체가 나쁜 학생은 단지 필체가 나쁠 뿐인데 그것을 통해서 그 학생의 사고의 체계성이나 생활 태도까지 의심하는 오류를 범할 뻔했다. 다행히 가까운 가족들과의 경험으로 인해 그러한 오류에서 벗어날 수 있었다. 필체가 아주 이상하면 다른 채점관들이 힘들게 답안을 읽어 주지 않을 수도 있다는 염려에서 학생들에게 매번 주의를 주지만 얼마나 받아들여졌을지 자신이 없다.

학생들의 답안을 평가할 때 당연히 그 내용을 기준으로 판단해야 하지만 그것은 규범적인 기준이다. 규범적인 기준을 따르고자 하지만 상대편의 무성의나 불성실로 인해 고충이 따른다면 평가자는 평가 과정에서 규범적인 기준을 살짝 옆으로 밀어 놓을 수 있다. 물론, 필자처럼 이해할 수밖에 없는 직접 경험을 통해 깨알 글씨나 날려 쓴 글씨를 알아보려고 부득불 노력하는 경우도 있지만 모두가 그런 상황을 겪어 보는 것은 아니기 때문이다. 가까운 사람들의 행동을 통해 타인의 행동을 좀 더 이해하고 공감하고 배려하는 것은 자연스러운 인지 흐름이다. 하지만 현실에서 사람들이 직면하는 상황이나 경험은 각각 다르고, 따라서 상대편의 입장에서 나의 행동의 기준과 수위를 조절하는 것이 특히 을乙의 입장에서는 필요하게 된다.

이해와 공감 형성 그리고 배려와 관련해서, 비슷한 처지에서 생각해 볼 수 있는 나의 두 번째 경험은 다음과 같다. 필자의 모친은 80대 후반으로, 여느 노인들처럼 건강 상태가 썩 좋지 못하다. 시력도 나쁘고 균형을 잘 잡지 못해서 특히 낯선 곳에서는 한번씩 넘어진다. 평탄하지 못한 낯선 도로에서의 작은 굴곡이나 경사에 잘 적응하지 못하기 때문이다. 노인들은 넘어지면 자칫 큰 사고로 이어질 수 있으므로 어느 가정이든 걱정이 될 수밖에 없다. 특히, 자녀들이 거주하는 도시에 한번 가고 싶어도 고령 노인들의 경우 열차를 타고 내리는 일이 쉽지가 않다. 자, 그런데 역에서 혼자 여행하는 고령 노인들을 주변 사람들이 조금만 더 배려해 주면 어떻게 될까?

요즘 젊은이들은 '누군가의 요청을 받으면' 대개 아주 친절하게 들어준다. 그런데 명시적인 요청이 없을 때가 문제다. 상황 판단에 따라 스스로 도움의 손길을 내미는지가 쟁점인데, 강의실에서 학생들에게 간단한 조사를 해 보면 그 답은 그렇게 긍정적이지만은 않다. 그렇다면 왜 상황 판단에 따라 스스로 도움의 손길을 내밀지 않느냐인데, '진짜 도움이 필요한지 어떤지 확신이 들지 않는다', '나 말고도 주변에 다른 사람들이 있는데 굳이 내가 나서야 하는지 잘 모르겠다', '머릿속에서는 도움을 주고 싶고 도와야 한다는 생각이 들지만 막상 실제 행동으로 옮기는 것은 쉽지 않다' 등이 주된 응답이다. 진짜 나의 도움이 꼭 필요한 경우라 판단되는데도 불구하고 도움의 손길을 내밀지 않겠다는 학생은 단 한 명도 없었다. 사실 도움이라고 해도, 노인들이 먼저 승차하도록 뒤에서 좀 여유 있게 기다려 주는 것이나, 짐을 하나 들어 주는 것, 또는 손을 잡아 주는 것 정도다. 누구나 어렵지 않게 충분히 할 수 있는 것들이다. 하지만 대개 자신이 왜 굳이 나서야 하는지를 잘 모르겠다는 것이 학생들의 주된 반응이다.

찬찬히 생각해 보면 젊은 학생들의 행동이 이해되지 않는 것은 아니다. 돕고 싶지만 실행이 쉽지 않다는 것인데, 현실에서 대개 충분히 납득이 되는 상황이기 때문이다. 나의 경우 가족의 직접 경험을 통해 이들에게 내가 베푸는 작은 배려가 얼마나 큰 도움이 되는지를 피부로 알고 있고, 따라서 아무 생각 없이 그냥 실천할 수 있다. 하지만 젊은 학생들은 머릿속으로는 알지만 작은 배려에 따르는 작용과 반작용 관계를 피부로 체득할 기회가 사실 그렇게 많지 않다. 단출한 현대 가족 사회에서, 젊은이들이 70~80대 고령의 집안 어른들과 낯선 곳을 함께 여행한다든지 하는 기회 자체가 거의 없기 때문이다. 따라서 젊은이들은 고령 노인들이 낯설고 번잡한 상황에 얼마나 취약한지, 작은 배려가 얼마나 필요한지 등을 사실 잘 모른다. 50~60대인 자기 부모들은 아직 건강하기 때문에 작은 배려의 필요성을 체득할 기회가 없고, 작은 배려의 경험에서 자연스럽게 얻게 되는 기쁨이 얼마나 큰지 직접 겪어 보지 않고는 알 수 없기 때문이다.

작은 배려의 장점은 그 과정에 참여하는 그 누구의 삶에도 크게 부담을 주지 않는다는 데에 있다. 만약, 한 대학생이 어느 날 역 플랫폼에서 자신과 같은 열차를 타기 위해 기다리고 있는 고령의 할머니를 만났을 때, "할머니, 서울 가세요?" 등의 말을 건네거나 또는 "할머니, 저도 서울 가는데 열차 탈 때 짐 좀 들어 드릴까요?" 등의 말만 건네도 할머니가 도움이 필요한 상황이면 도움을 요청할 가능성이 매우 높다. 경우에 따라서는 열차 객실 호차를 확인해 대기할 곳의 위치를 미리 알려 드려, 열차 도착 후 빨리 걷지 못하는 할머니가 종종걸음으로 걷지 않아도 되도록 배려할 수도 있다. 그리고 그런 수고는 에너지를 그렇게 많이 요구하는 것도 아니다. 아마 그의 에너지의

100분의 1에서 1000분의 1 정도만 쏟으면, 즉 그의 일상과 여정이 사실상 하등 침해받지 않는 정도의 시간과 에너지를 쏟으면 그는 자신의 여정에서 우연히 마주친 고령 노인들의 안전과 삶의 질을 상당 부분 높일 수 있다. 우리 젊은이들은 대부분 생각이 상당히 합리적이고 이해타산이 딱 부러진다. 우리의 일상이 거의 영향을 받지 않으면서도 남을 상당히 배려해 줄 수 있다면, 즉 어떤 행동을 하는 것이 하지 않는 것에 비해 대차대조표 상에 순이익이 적지 않다면 배려를 할 잠재적 가능성이 매우 높다.

우리가 신神이 있는지 없는지 잘 모르지만, 예컨대 신이 존재한다면 어떤 행동에 대해 신은 인간의 셈법에 비해 훨씬 더 깊고 넓게 고려할 것이므로, 즉각적이고 특정한 이해관계가 아님에도 상대편의 입장에서 그 상대를 고려하는 선행을 더 높게 포상할 것이다. 오스카 와일드Oscar Wilde의 동화 「행복한 왕자The Happy Prince」의 납 심장이나 제비만큼은 아니더라도, 단테 알리기에리Dante, Alighieri가 『신곡*La divina commedia*』에서 언급한 연옥에서 우리를 천국으로 데려다줄 어떤 작은 보험은 충분히 될 수 있는 것이다. 그리고 신이란 존재는 애초에 인간의 상상력의 결과물이라 하더라도, 잔잔한 호수에서는 작은 배려만으로도 파문이 일 수 있다. 즉, 작은 배려들이 소집단별로 어떤 '행동의 습관'을 만들어서 사회 전체적으로 확산될 수 있는 것이다. 나의 작은 배려가 언제 어느 순간에 내가 사랑하는 가족이나 친구들에게 또 다른 형태의 배려로 귀착될 수만 있다면 나의 작은 마음 씀이 결코 밑지는 장사가 아닌 것이다.

단테는 『신곡』에서 서구 사회에서의 사람들의 행위에 대한 '죄와 벌'의 대략적인 프레임워크를 적나라하게 다룬다. 『신곡』은 단테가 로마 시인 베르길리우스의 안내로 7일 동안 지옥, 연옥, 천국을 체험하는 이야기다. 단테는 1300년 4월 7일 목요일 밤에 어두운 숲에서 길을 잃어버리면서 죽은 자들의 세계를 여행하게 된다. 지옥의 문을 통과하자 9개의 고리로 이루어진 지옥이 등장한다. 애욕의 죄를 범한 자들, 탐욕을 부린 자들, 낭비하거나 인색한 자들, 화를 잘 내거나 태만한 자들, 이교도들, 폭력을 휘두른 자들, 위선자나 사기꾼들, 배신자들이 각각의 지옥의 고리 속에서 고통으로 신음하고 있다. 단테는 위선과 배신을 살인과 강도보다 더 심각한 죄로 규정한다. 다른 죄는 그 자체로 끝나지만 위선과 배신은 인간세계의 질서를 어지럽히고 살아 있는 지구를 거대한 지옥으로 변형시키기 때문이다. 단테는 마왕 루키페르 옆을 통과해서 거대한 산으로 이루어진 연옥에 도착한다. 지옥에서 3일을 보내고, 죄를 씻고 구원에 이를 수 있는 사람들의 영혼이 모인 연옥에서 다시 3일을 보낸다. 연옥 문을 지나자 그곳을 지키는 천사가 단테의 이마에 죄를 의미하는 'P' 자 일곱 개를 새겨 준다. 연옥에는 오만했던 자들, 질투했던 자들, 분노했던 자들, 태만했던 자들, 인색하고 낭비했던 자들, 탐욕했던 자들, 애욕했던 자들을 징치하는 일곱 개의 고리가 있고, 단테가 그 하나하나의 고리를 오르며 정죄할 때마다 천사들이 나타나 그의 이마에 새겨진 일곱 개의 P 자를 하나씩 지워 준다. 마침내 죄의 기억을 지우는 힘을 가진 레테 강에 이르고 이어 선행의 기억을 회복시키는 에노우에 강에 몸을 적시면서 단테는 지상의 모든 죄를 씻고 순수한 존재로 다시 살아나 천국으로 오를 자유 의지를 갖게 된다.

아시아에도 선행의 의미를 강조하는 비슷한 이야기가 있다. 어느 '부자 상인과 네 명의 부인' 이야기가 그것이다. 어느 도시에 장사를 잘해서 돈을 많이 번 부유한 상인이 네 명의 아내와 행복하게 살고 있었다. 항상 잘나갈 수만은 없는 게 세상 이치인지라, 그 부유한 상인에게도 시련이 닥쳐온다. 병명을 알 수 없는 심각한 병에 걸렸는데 어느 의원도 고칠 수가 없다. 그는 얼마 남지 않은 이승의 삶에서 곧 저승으로 가게 된다는 사실에 분노하기도 했지만 어쩔 수가 없다. 저승으로의 길을 갈 수밖에 없다는 사실에 두려움에 떨던 그는 하인을 시켜 사랑하는 네 번째 부인을 침실로 불렀다. 자신의 삶이 얼마 남지 않았다는 의원의 이야기며 자신의 고통 그리고 두려움을 고백하고, 무엇보다 저승으로의 길이 너무 외롭고 두렵다며 자신과 같이 가 줄 수 없겠느냐고 애원한다. 그런데 말이 채 끝나기도 전에, 얼굴빛이 파랗게 질린 네 번째 부인은 "아니, 아내가 나밖에 없나" 하며 문을 쾅 닫고 나가 버린다. 부자 상인은 기가 막혔지만 어쩔 도리가 없었다. 그래서 다시 하인을 시켜 세 번째 부인을 부른다. 넷째 부인과의 이야기를 전하고, 자신과 함께 저승에 가 줄 수 있겠냐고 묻는다. 그런데 세 번째 부인 역시 "아내가 나 밖에 없나" 하며, "당신은 아직 잘 모르는데, 저잣거리에 나가면 뭇 남성들이 나를 힐끔힐끔 쳐다본다오"라며 자신이 아직 얼마나 남자들에게 인기 있는지를 이야기하면서 미처 말을 잇기도 전에 문을 열고 나가 버린다. 크게 실망했지만, 자리에 누운 부자 상인이 할 수 있는 일은 아무것도 없었다.

다시, 하인을 시켜 두 번째 부인을 부른다. 두 번째 부인이 들어오자, 부자 상인은 넷째 부인과 셋째 부인에게 저승으로의 길에 동행을 부탁했던 이야기를 하며 눈물을 흘린다. 넷째 부인은 사실 자기 자신보다 더 사랑했었는데 저승길에 동행해 달라고 얘기하자 얼굴색이 파랗게 질리더니 문을 쾅 닫고 나가 버렸다는 이야기며, 셋째 부인은 넷째 부인만큼은 아니지만 역시 애지중지했었는데 자신이 아직 남자들에게 얼마나 인기 있는지 알기나 하냐며 밖으로 휑하니 나가 버렸다는 기막힌 이야기를 한다. 그러자 둘째 부인은 당신의 절망감과 두려움을 모두 이해하고 자신 또한 가슴이 아프지만, 당신이 알다시피 이 큰 살림을 당신을 대신해서 내가 주로 맡아서 처리해 왔는데, 만약 내가 당신을 따라서 저승으로 가 버리면 이 큰 살림과 관련된 일처리를 도대체 누가 할 것이냐고 되묻는다. 그러면서 당신의 슬픔에 나 또한 가슴이 저리고 아프지만 부득이 따라갈 수는 없다고 한다. 그 말에 일리가 있어 어쩔 수 없어 하면서도 두려움에 떨던 그는 다시 하인을 시켜 마지막으로 첫째 부인을 부른다. 첫째 부인은 정말 부르고 싶지 않았다. 그렇지만 그에게 닥친 절박함이 그 마음을 눌러 버렸다. 사실 부자 상인은 밖으로 내뱉진 않았지만 한때 첫째 부인이 없어져 주었으면 하고 바랐던 적도 있다. 자신에게 싫은 이야기나 하고 도대체 자신이 뭘 원하는지는 관심도 없는 아내여서, 아마 저승길 동행을 이야기하면 필시 듣기 싫은 소리만 잔뜩 늘어놓을 게 뻔했기 때문이다. 하지만 선택의 여지가 없었던 그는 그간의 이야기를 첫째 부인에게 큰 기대 없이 털어놓았다. 자기 자신보다 더 사랑했던 넷째 부인의 이야기, 평소에 늘 애지중지했던 셋째 부인의 이야기, 부득이하게 자신을 따라 나설 수 없는 둘째 부인의 이야기를 하며, 그동안 배려하지 못해 정말 염치없지만 저승길에 같이 가 줄 수 있는지를 물어본다. 그런데 그 이야기를

들은 첫째 부인은 그의 예상과는 정반대로, "여보! 당신을 만난 이후로, 나는 당신과 떨어진다는 생각을 한 번도 해 본 적이 없어요. 내가 당신과 함께 저승길을 갈 테니 아무것도 두려워하지 말아요"라며 부자 상인의 손을 잡아 준다. 그리고 그들은 얼마 지나지 않아 함께 저승길로 떠났다.

사실 이 이야기는 부처가 사바세계의 사람들을 깨우치기 위해 메타포를 이용해 설법한 내용이다. 넷째 부인은 우리의 육신을 상징한다. 죽으면 무엇보다 먼저 나를 떠나는 실체다. 셋째 부인은 우리가 쌓은 재물이다. 나 아닌 다른 사람들도 모두 탐을 내는 것이다. 둘째 부인은 우리의 가까운 가족이나 친구 등이다. 우리의 죽음을 진정으로 슬퍼하고 마지막 장지까지 함께 가지만 같이 죽어 줄 수는 없다. 첫째 부인은 부처의 가르침의 핵심인 우리의 마음이나 정신과 같은 업카르마이다. 인과응보와 윤회를 강조하는 부처의 가르침에서는 영원히 우리 자신과 함께하는 존재다.

단테의 『신곡』이 서양인들의 가치 지향성이나 규범적인 기준을 대표하는 유일한 작품은 아니다. 하지만 역사적으로 서양인들의 의식이나 행동 기준을 판별하는 중요 자료 중 하나가 되는 것은 틀림없다. 이와 같은 관점에서 보면, 서양인들의 경우 사후세계의 질서에 대해서도 매우 분석적이고 체계적이다. 죄의 종류, 경중 그리고 벌칙에 대해서도 다양하게 분류되어 있고 단계적이며 체계적임을 쉽게 알 수 있다. 동양의 경우에는 훨씬 더 직관적이고 통찰적이다. 영원한 삶 속에서 가장 중요한 것은 우리의 육신이나 재물이 아니고 우리가 일상에서 쌓아 가는 덕업이라는 것이다. 죄와 벌의 엄정성과 등가성 그리고 그로 인한 두려움을 통해 사회 질서 유지를 강조하는 것이 서양 사회다. 반면에 죄에 대한 처벌의 필요성을 간과하는 것은 아니지만, 죄에 빠지는 것이 얼마나 부질없는 것인지를 일깨워서 죄를 범하지 않고 바른 길을 가도록 길을 열어 주는 데 방점을 두고 있는 것이 동양 사회의 규범이고 질서다. 물론, 넓게 보면 서양이나 동양이나 행동의 지향점은 동일하다. 모두 악행을 금하고 일상에서 선행 또는 선업을 꾸준히 쌓아 가야 한다는 것이다.

우리는 왜 선행이나 선업을 쌓으면 대개 손해날 것이 없다는 것을 알면서도 그러지 못하거나 하지 않는 것일까? 무엇이 일상에서 우리가 상대를 배려하고 올바른 길을 가는 것을 가로막고 있는 것일까? 상대를 배려하는 규범은 우리가 흔히 호혜성reciprocity으로 규정하는 것이다. 내가 오늘 어떤 좋은 행동(커피를 사거나 짐을 들어 주는 것 등)을 할 테니, 당신도 내일 나에게 그와 비슷한 좋은 행동(저녁을 사거나 나 대신 택배를 부쳐 주는 것 등)을 하기를 기대하는 것은 특정적 호혜성에 해당한다. 반면에 열차 승강장에서 무거운 짐을 든 할머니를 발견하고 그 할머니 자리까지 짐을 들어 주는 친절은 어떤 보답을 기대하고 하는 행동은 아니다. 이는 특정인의 답례를 기대하고 베푸는 좋은 행동의 형태가 아니기 때문에 포괄적 호혜성에 해당한다. 당연히 포괄적 호혜성이 높은 사회가 좋은 사회다.

우리는 자라면서 책이나 영상 또는 주변 어른들로부터 훌륭한 사람들에 대해 다양한 이야기를 보고 듣는다. 한평생 남을 위해 헌신한 마더 테레사나 조국의 독립과 자유를 위해 헌신한 안중근, 김구, 간디 같은 위대한 인물들의 삶의 궤적을 보고 듣는다. 그런데 우리는 그런 위대한 인물들의 삶의 궤적을 제대로 따라가지 못하고 대개 따라갈 생각도 하지 않는다. 지구상의 78억이 넘는 인구 중 그런 성인이나 위인들이 그렇게 많지 않은 것은 어쩌면 그런 삶은 인간의 보편적 삶의 모습이 아니기 때문일 것이다. 뇌 과학자들의 연구 결과에 따르면, 우리 인간은 그것이 매우 중요한 사안이라 하더라도 우리가 해결하기 매우 어려운 문제인 경우에는 생존을 위해 그 사안에 대한 우리 뇌의 스위치를 꺼 버린다고 한다. 북한의 핵폭탄이 우리 머리 위에 떨어질 경우에도 미국이나 우리 정부가 제2차 내지 제

3차 핵 공격을 우려해 제대로 반격할 수 없는 상황이 전혀 불가능하지 않다. 그럼에도 우리가 평화롭게 일상을 영위할 수 있는 것은 그 사안에 대해서 우리 뇌의 스위치가 꺼져 있기 때문인지 모른다. 사실 남북 간 심각한 갈등으로 인해 북핵 공격이 발생했을 경우, 한 개인이 어떻게 할 수 있는 여지는 없다. 북한의 핵 공격과 반격 같은 극단적인 상황이 아니더라도, 너무나 훌륭한 사람들의 삶의 모습과 우리의 잠재적 역량 간에 간극이 큰 경우에 우리는 그 훌륭한 삶을 50퍼센트나 30퍼센트 따라 하는 것이 아니라 아예 따라 하지 않을 수 있다. 나와는 상관없는 삶의 모습으로 간주하고 스위치를 꺼 버릴 수 있는 것이다. 만약 그렇다면 아주 훌륭한 사람들을 모델로 삼아 따라 하려고 할 것이 아니라, 역으로 현재의 나를 기준으로 삶을 설계하고 그보다 1퍼센트, 5퍼센트, 10퍼센트 나은 삶을 향해 나아가는 것은 어떨지 생각해 볼 수 있다. 신神이나 성인聖人들의 훌륭한 삶이 기준이 아니라 현실의 나와 비슷한 사람들의 생각과 행동이 우리네 삶의 기준이 되는 것이다. 남의 성공에 대해서는 시기도 하고, 게으름도 피우고, 때에 따라서는 가까운 사람들에게 작은 거짓말도 하고, 몰래 새치기도 하며 사는 현실의 나와 이웃의 모습이 생존을 위해 아등바등하는 나와 우리 삶의 기준이 될 수 있다.

몇 년 전 JTBC에서 김운경 극본의 〈유나의 거리〉라는 드라마를 50부작으로 방영한 적이 있다. 소매치기, 꽃뱀, 전직 조폭, 막노동꾼, 뒷돈 받다 잘린 전직 형사 등이 일구어 가는 불편한 삶의 현장을 김운경 스타일로 리얼하게 그린 드라마다. 오래전 〈서울의 달〉에서 어두운 현실의 달동네를 살 만한 생활 공간으로 탈바꿈시켰던 김운경 극작가의 필력은 〈유나의 거리〉에서도 사회 밑바닥 인생의 삶 역시 아름다울 수 있음을 가감 없이 보여 준다. 가진 것이 하나도 없는(5천 원을 유나에게 빌려야 하는) '창만'이라는 청년을 등장시켜 삶을 아름답게 만드는 것은 바로 우리 가까이, 우리 자신에게 있음을 떠올리게 해 줬다. 창만이라는 청년은 상대편의 입장에서 생각을 하고 자신을 필요로 하는 사람이 있으면 가급적 도움을 준다. 그는 가진 것은 없지만 미래에 대한 밝은 생각으로 항상 여유와 자신감이 있다. 어떻게 보면, 요즘 현실에서 존재하지 않는 이상형의 인물을 극작가가 창조했다고 볼 수도 있다. 하지만 또 다른 시각에서 보면 우리가 전혀 하지 못할 일을 창만이가 하는 경우는 없다. 우리 각자가 현실에서 창만이처럼 다재다능하고 배려심이 일등급일 수는 없지만, 우리 나름의 작은 배려는 얼마든지 할 수 있다. 그 힘들이 모이면 '유나의 거리'가 어쨌든 지금보다 더 살맛 나는 곳이 될 수 있다.

'창만'이란 청년이 주변 사람들에게 산소 같은 역할을 하는 것은 그가 주변 사람들의 아픔과 슬픔에 공감하기 때문이다. 그가 보여 주는 성실성과 배려심 때문에 주변 이웃들이 모두 그와 함께하고자 한다. 서로 일자리도 챙겨 주고 어려운 일이 생기면 상의도 한다. 창만이 덕분에 동네가 밝아지는 것이다. 캐나다에서는 '공감의 뿌리Roots of Empathy'란 수업을 통해 초등 학생들에게 공감의 형성과 전이가 어떻게 이루어지고 퍼져 나가는지를 실험한 적이 있다.[84] 생후 1년도 안 된 갓난아기와 아기 엄마가 유치원이나 초·중등학교 교실에 등장한다. 교실에는 초록색 담요가 넓게 펼쳐져 있고 아이들은 그 담요 가장자리에 둘러앉아 있다. 엄마가 담요 위에 앉아 안고 있던 아기를 담요 위에 내려놓으면 갓난아기는 뒤집기도 하고 장난감도 만져 본다. 호기심이 가득한 어린 학생들은 아기 엄마에게 이 아기가 어떤 음식을 먹는지, 이는 제대로 났는지 등을 물어본다. 1년 동안 갓난아기의 성장 과정을 지켜보는 반복적 대면 접촉 프로그램이다 보니, 아이들은 갓난아기의 눈부신 성장 과정을 직접 체험하게 된다. 그 과정에서 어린 학생들은 갓난아기의 순수한 모습을 통해 자기 자신의 순수한 마음과 따뜻한 감정을 깨닫게 되고 또 표현하게 된다. 아이들은 갓난아기의 순수한 감정 변화를 관찰하면서 자신의 감정뿐만 아니라 타인의 감정을 이해하고 공감하는 능력을 키워 간다. 공감 능력을 통해 아이들은 긍정적인 태도로 서로를 대하고, 친구를 '왕따'시키거나 괴롭히는 행동을 하지 않게 된다. 심지어 다른 아이들이 잘못된 행동을 하는 것도 그냥 지나치지 않는다. 예컨대, 초등학생이 단호하게 "그건 잘못된 행동이야. 그건 옳지 않아"라고 나설 수 있는 집단적 분위기가 형성되면, 사회 갈등 해결이나 사회 정의 실현의 새로운 씨앗이 뿌려지는 것이다. 아기와 자신 간에, 자기와 다른 친구 간에 서로를 이해하는 감정의 교류가 발생해서 모두가 '창만이' 내지 '준準창만이'가 될 수 있는 계기가 만들어진 것이다.

우리의 일상 활동 시간을 12시간으로 상정할 때, 그 10분의 1은 1시간 12분이다. 우리가 매일 1시간 12분을 나와 가족이 아닌 직접적인 이해관계가 없는 남을 위해 추가로 할애할 수 있을지 생각해 보면, 가능한 사람들도 있겠지만 나의 경우 그 답은 부정적이다. 그런데 만약 일상 활동 시간 12시간 중 100분의 1인 7분 12초를 매일 남을 위해 추가로 쓸 수 있을지 생각해 보면, 쉽지는 않겠지만 가능할 것이라는 답이 많을 것으로 보인다. 그런데 다시 일상 활동 시간 12시간 중 200분의 1, 즉 0.5퍼센트인 3분 36초를 추가적으로 남을 위해 쓸 수 있을지 물어보면 거의 대부분 긍정적으로 답할 것이다. 대략 1주일에 25분 12초, 1개월에 1시간 48분, 1년에 21시간 54분을 나와 직접적인 이해관계가 없는 남을 위해 추가로 사용하는 것이다. 만약, 우리 국민 절반에 해당하는 약 2천500만 명이 자신과 직접적인 이해관계가 없는 타인을 위해서 일상 활동 시간 12시간 중 0.5퍼센트에 해당하는 시간을 현재 대비 추가적으로 할애한다면 그 시간의 총량은 얼마가 될까? 그러면 매일 150만 시간이, 우리의 자율적 선택에 의해서 직접 이해관계가 없는 타인을 위해서 추가적으로 사용되게 된다. 이는 업무 배정을 위한 사전 계획도 필요 없고, 운영 관리를 위한 담당 공무원이나 자원 봉사자도 필요 없으며, 대개 적재적소에서 적시에 자율적 배려가 이루어지는 것이므로 시간 활용 값이 매우 높은 경우에 해당한다.

우리의 일상 가용 시간 12시간 중 10분의 1이나 1000분의 1에 해당하는 시간을 타인을 위해 추가 할애할 것을 가정하는 것은 모두 극단에 해당할 것이다. 물론 현실에는 자신의 가용 시간 중 10분의 1 이상을 타인을 위해 추가 할애하는 훌륭한 사람도 있고, 또 그 시간의 1000분의 1도 타인을 위해 추가 할애할 수 없는 딱한 처지의 사람도 있을 것이다. 대부분의 사람들은 아마 필요하다면 자신의 일상 가용 시간 중 10분의 1에서 1000분의 1 사이 얼마간을 직접적인 이해관계가 없는 타인을 위해 추가 할애할 수 있을 것으로 보인다. 만약, 우리 국민의 대략 절반인 2천500만 명이 일상 가용 시간 12시간 중 0.5퍼센트를 직접적인 이해관계가 없는 타인을 위해 추가 할애한다면, 그 시간 총량은 일 년에 5억 4천750만 시간에 이른다. 이는 우리 국민 모두가 매년 10시간 정도를 생면부지의 타인으로부터 내가 꼭 필요로 하는 시점에 내게 꼭 필요한 도움을 받을 수 있다는 말이다. 생사를 결정하는 시간이 될 수도 있고, 우리 아이나 나이 든 부모님들이 다치지 않고 건강하게 여행하는 시간이 될 수도 있고, 우리 집이 도둑이나 화재로부터 지켜지는 시간이 될 수도 있다. '좋은 사회'는 멀리 있는 것이 아니고, 그렇게 어려운 것도 아니다.

에필로그

티베트고원에는 터줏대감들인 멍청한 불곰과 꾀 많은 여우의 묘한 동행 스토리가 유명하다. 몸집 큰 불곰이 '우는 토끼' 굴 입구를 두 발로 서성거리다 양손으로 힘껏 파면, 혼비백산한 '우는 토끼'는 이런 위기 사태를 대비해 자신이 미리 파 놓은 멀찍이 떨어져 있는 다른 구멍으로 잽싸게 튀어 나간다. 아뿔싸! 이 비밀 통로 구멍 옆에는 어떻게 알았는지 긴 코를 벌름거리며 고개를 낮게 수그린 여우가 벌써부터 웅크리고 있다. 꾀 많은 여우는 불곰의 위협에 놀라 정신없이 튀어나온 '우는 토끼'를 작은 구멍 입구에서 잽싸게 낚아채 줄행랑을 친다. 사태를 미처 파악하지 못한 불곰은 한동안 움직이지도 않고 멀찌감치 뛰어가는 여우 엉덩이만 바라본다. 이 상황은 픽션이 아니고 실화다.

여우로서는 작은 노력으로 큰 성과를 얻은 셈이다. 여우에게는 불곰이 매우 고마운 존재지만 불곰으로서는 여우를 통해 얻는 게 하나도 없다. 여우가 나중에 불곰의 예비 식량원이 되는 것도 아니고, 여우가 불곰의 도움으로 잡은 사냥의 성과물인 '우는 토끼' 고기를 불곰에게 나누어 주는 것도 아니니 말이다. 이들은 동행이지만 사실상 '동행同行'이 아닌 것이다. 사람들의 사회적 관계에서도 이와 같은 동행이 현실에서 발생하지 않는 것은 아니겠지만 개연성은 그렇게 높지 않다. 불곰의 입장에 있는 사람이 여우의 입장에 있는 사람의 행동을 어떤 식으로든 용인할 가능성이 거의 없기 때문이다. 인간은 진화 과정에서 척박한 생활 환경에 적응하기 위해 협력할 수밖에 없고, 그 생존 과정에서 자타 등가성에 입각한 협력적 규범 내지 협력적 관계를 발전시켜 왔을 것이다.

『관계담론』을 구상하고 발전시켜 오면서, '최고의 관계'란 무엇일까를 계속 고민했다. 정답이 무엇인지는 모르지만, 그것이 사람과 사람 사이의 관계라는 것은 분명했다. 인간에게 가장 애통한 관계 역시 사람과 사람 사이의 관계라는 것 또한 분명하다. 우리를 가장 기쁘게도 할 수 있고, 가장 슬프게도 할 수 있는 것이 인간과 인간 간의 관계라면 그 인간관계를 여러 각도에서 비추어 보는 것은 불완전한 시도라 할지라도 그 자체로 의미 있는 일이 아닐까 하는 생각이 들었다. 포유류의 경우 출산의 과정에서 다량의 옥시토신이 분비되면서 모체와 새끼 간에 독특한 유대가 형성되는 것으로 알려져 있다. 어떻게 보면, 인간은 지구상의 수많은 포유류 중 가장 불완전한 상태로 세상에 태어나기에 모체와 자식 간의 유대가 더욱 각별할 수밖에 없다. 인간은 부모와의 관계로 세상과의 관계를 일단 시작하지만 그 관계만으로 복잡한 세상을 인간답게 살아갈 수는 없다. 복합인complex man으로서의 인간은 또 다른 여러 관계들이 필요하고 다양한 관계를 맺어 갈 수밖에 없는 존재다.

이 책이 완성되는 과정에 도움을 준 여러 사람이 생각난다. 그들의 격려가 없었다면, 아마 이 책은 출판까지 이르지 못했을 것이다. 기왕에 출판했던 여러 책들 『집합적 행동논리와 사회적 자본 담론』, 『지식도시론』, 『갈등관리론』, 『도시경영론』 등은 모두 대학 강좌와 직간접적으로 연결되어 있어 출판사들이 거북하게 생각하는 저술 형태는 아니었다. 그 외, 『지역개발론』과 『도시행정론』은 공저 형태로 출판했지만, 대학의 일반적 강좌명과 일치했고 경쟁 서적 자체가 많지 않아서 그런지 출판했던 박영사와 대영문화사에 상당 부분 수익을 가져다주는 효자 상품이었다. 그런데 『관계 담론』은 다른 형태의 시도다. 학술적 연구의 일환인 동시에 핵심 쟁점에 대한 사회적 공감대 확장을 지향하는 복합 작업이다. 하지만 필자의 능력 부족으로 두 가지 목적을 달성하기는커녕 한 가지도 제대로 달성할 수 없겠다는 생각이 들었다. 평소에 필자의 글을 잘 읽어 주는 K 박사와 H 박사는(본인들의 이름을 공개하길 원치 않는 나의 소중한 커피 타임 파트너들) 기꺼이 토픽별 초고를 읽어 주고 유익한 평을 해 주었다. 심지어, 필자의 이름이 붙어 있지 않아도 누가 이 글을 썼는지 바로 알 수 있었다는 격려의 말도 해 주었다. 특정 현상에 대한 인식과 추론, 진단, 처방이 모두 필자에 대한 자신들의 평소 기대와 맞아떨어졌다는 것이다. 친구들이 읽어 보고 싶어 하는 글이라면 그 자체로 나의 수고가 무용하지 않다는 뜻이고, 그것만으로도 의미가 있겠다는 생각이 들었다. 어른이 되었어도 신뢰하는 사람들의 인정이나 격려가 큰 힘이 된다는 것을 다시 확인하는 기회였다.

대학 교수들은 커피 타임에도 전문적인 이야기를 많이 할 것이라 생각할 수 있지만, 사실 우리도 드라마나 영화 이야기를 많이 한다. 다소 과장될 수도 있지만 드라마나 영화가 현실의 거울 같아서 중요한 여러 모습들이 잘 비치기 때문이다. 물론, 종교나 정치에 대한 이야기는 함께 나누기엔 부담스러운 주제일 수 있어 의식적으로 포화지방산 덩어리의 패스트푸드처럼 피하는 이야깃거리기도 하다. 언젠가 전도연과 공유가 주연한 멜로 영화 〈남과 여〉가 우리들의 저녁 커피 타임의 메인 메뉴가 된 적이 있었다. 여행지에 대한 탐색 과정 중 쉽게 갈 수 없고 돈도 많이 드는 곳인 북유럽 쪽 이야기를 하다, 핀란드의 눈 덮인 설원과 자작나무 숲을 배경으로 한 〈남과 여〉가 자연스럽게 화제에 올랐다. 아이들의 국제학교, 캠핑장까지 둘만의 우연한 자동차 여행, 폭설로 길이 끊긴 밤, 숲속 작은 오두막, 그리고 상처가 있는 부부 관계 등의 상황 설정은 '남과 여'의 일탈을 '받아들일 수 있는 일탈'로 만든다. 그런 상황에서 우리의 결정이나 행동이 어떨 것인지, 어떻게 해야 되는지를 놓고, 흡사 맛있는 음식을 먹고 난 후 요리에 대한 품평회처럼 우리는 다양한 앵글에서 이야기를 나누었다.

오랜 세월의 커피 타임 토크를 통해서, 어느 날 우리는 우리가 내리는 특정 사안에 대한 각자의 인식과 평가의 품질이나 옳고 그름이 정작 중요한 것이 아니라는 것을 알게 되었다. 삶의 거울에 비친 특정 관계 형상에 대해서 각자의 인식과 평가를 자유롭게 내린다는 사실 자체가 정말 중요하다는 것을 깨닫게 되었다. 콘텐츠 자체보다 그것을 찾고 펼쳐 가는 과정 자체가 바로 복합적인 현실 문제와 복합적인 현실 처방을 아우르는 좋은 기회라는 것이 어느 날부터 각자에게 점점 더 분명해졌다. 정답보다는 준準정답이 정답일 가능성이 높은 인간관계에서, 자유로운 커피 타임 토크는 우리 각자가 보다 나은 인간이 될 수 있는 문을 열고 들어가는 기회이자 추동력이 되었던 것 같다. 동일 맥락에서, 이 책이 우리가 보다 나은 사람이 되는 문을 여는 작고 소박한 기회가 될 수 있기를 기대한다.

미주

마이너스 인간

1 윤성주, 2017, 「'포용적 성장'의 개념 및 연구동향」, 『국토』, 4: 6-13 재인용.

2 수확일정(constant returns to scale) 형태는 투입량을 2배, 3배로 하면 산출량이 2배, 3배가 되는 형태를 말한다. 수확체감(decreasing returns to scale) 형태는 투입량을 2배, 3배로 하면 산출량이 1.8배, 2.5배 등이 되는, 즉 산출 규모가 상대적으로 점점 더 축소되는 경우를 일컫는다. 커피나 쌀의 재배나 전통적 제조업의 생산 과정에서는 대개 수확체감 형태가 나타난다.

3 로버트 라이히는 노동력을 창조적 전문인, 개인적 서비스 형태에 투입되는 노동력, 대량생산 과정에 투입되는 노동력 등으로 구분했다. 로봇과 AI 등 생산자동화 메커니즘의 확대 이용이 불가피함에 따라 대량생산 과정에 투입되는 노동력의 미래가 어두울 것임은 분명하다. 미용이나 간호 등 개인적 서비스는 기계화와 자동화의 영향을 받겠지만 상대적으로 그 속도는 느리고 범위도 제한될 것이다. 창조적 전문인의 몫은 앞으로 점점 더 확대되어 가겠지만, 그 수혜 대상은 소수의 '선택된 사람들'로 국한될 것으로 보인다.

고립된 섬

4 박종화, 2018, 『집합적 행동논리와 사회적 자본 담론』, 박영사.

5 박종화, 2018, 『집합적 행동논리와 사회적 자본 담론』.

6 여기서의 빈곤율은 중위소득의 50퍼센트 미만 노인의 비율로 측정하는 상대적 빈곤율(relative income poverty)이다. 예컨대, 전 국민을 소득수준에 따라 일렬로 세웠을 때 정중앙에 위치하고 있는 사람의 소득수준이 중위소득이다. 만약 중위소득이 2000만 원이라면 그 절반인 1000만 원보다 소득이 적은 노인의 비율이 상대적 빈곤율이다.

7 기획재정부, 2018, 「*OECD* 한국경제보고서」.

8 박종화, 2018, 『집합적 행동논리와 사회적 자본 담론』.

9 청년 실업률은 15세에서 29세까지의 경제활동인구 중 실업자의 비율을 말한다.

10 박종화, 2018, 『집합적 행동논리와 사회적 자본 담론』.

11 흔히 우리 사회는 '정(情)의 사회'로 규정된다. 이 정의 사회에서는 현실적인 매듭을 분명하게 지어 가는 행태를 이성적이고 합리적인 인간형으로 보지 않는다. 오히려, 그런 행태는 정나미 떨어지는 인간성으로 규정되기 쉽다.

12 미국의 모든 주들은 가정 폭력 범죄 발생 시 체포 규정이 제정되어 있다. 특히 23개 주는

가정 폭력 가해자에 대한 '의무 체포' 제도를 도입·시행하고 있다. 의무 체포 제도란 현장에 출동한 경찰로 하여금 가정 폭력 가해자를 정확히 식별하여 반드시 체포하도록 하는 제도다. 경찰은 피해자에게 가해자 체포를 원하는지, 처벌을 원하는지를 물어서는 안 된다. 가정 폭력 의무 체포 제도는 미국에서도 오랫동안 범죄 행위로 여겨지지 않았던 가정 폭력을 범죄로 인식하게 하는 시민의식 개선에 일조했다는 평가를 받고 있다.(허민숙, 2021: 1-4)

표류사회

13 일본의 경우 도쿠가와 이에야스에 의해 전국시대가 종식되고 에도막부가 통치하던 시절 서민 계층에 값싼 목판화가 유행한다. 에로틱한 여인과 가부키 배우, 스모 선수, 명소의 풍경 등이 작품의 소재인 풍속화로, 우키요에(浮世繪)라고 불렸다. 선명한 색 표현을 특징으로 하는 우키요에는 유럽으로 수출되던 도자기의 포장지 등으로 우연히 유럽에 유입되어, 에드가 드가, 에두아르 마네, 빈센트 반 고흐 등 유럽 인상주의 화가들의 영감에 영향을 미치게 된다. '우키요(浮世)'는 전국시대 혼란 속에서 이승의 덧없음을 뜻하는 단어였지만, 전란이 종식되고 사회가 안정된 에도막부 시절에는 도시의 덧없는 쾌락적 삶을 지칭하게 되었다.(부크홀츠, 2017: 348)

14 러시아 화가인 바실리 칸딘스키(Wassily Kandinsky)는 공간과 대상에 대한 관찰과 이해 과정에서 점·선·면이라는 세 요소를 사용한다. 그 세 가지 회화 요소를 인간관계의 이해 과정에서 준용할 수 있을 것으로 보인다. 칸딘스키는 그의 저서 『점·선·면』에서 예술의 가치는 인간의 영혼을 발전시키고 심화시키는 것임을 강조한다.

15 1870년 무렵 미국의 아이들은 13세부터 일을 시작해서 죽을 때까지 매년 3,000시간을 노동함으로써 깨어 있는 시간 중 61퍼센트를 일했다. 1950년 미국 젊은이들은 17.6세부터 일을 시작해서 깨어 있는 시간 중 45퍼센트를 일했다. 오늘날 미국의 젊은이들은 20세부터 일을 시작해서 은퇴 후 16년의 세월을 살아간다. 오늘날 미국의 성인들은 깨어 있는 시간 중 단 28퍼센트만 일하는 것으로 알려져 있다.(부크홀츠, 2017: 81)

16 브레튼 우즈 협정은 제2차 세계대전 종전 직전인 1944년 미국 뉴햄프셔주 브레튼 우즈에서 개최된 연합국 통화 금융회의에서 체결된 협정으로, 통화 가치 안정, 무역 진흥, 개발도상국 지원 등을 목적으로 한다. 이 협정에 의해 국제통화기금(IMF)과 국제부흥개발은행(IBRD)이 설립되었다.

17 올든버그, 레이, 2019, 『제3의 장소(*The Great Good Place – The Third Place* by Ray Oldenburg, 1999)』, 김보영 역, 풀빛.

18 브룩스, 데이비드, 2015, 『인간의 품격(*The Road to Character* by David Brooks, 2015)』, 김희정 역, 부키(주), 6-8 재인용.

19 브룩스, 데이비드, 2015, 『인간의 품격』, 6-8.

집단사고

20 집합적 행동(collective action)이란 특정 집단 구성원들이 자신들의 처지를 개선하거나 공통 목적을 달성하기 위하여 함께하는 일련의 행동을 지칭한다. 따라서 집합적 행동은 일단의 구성원, 그들 간에 존재하는 공통 목적, 그 공통 목적과 구성원들의 개별 이익 간에 잠재적인 갈등 상황을 내재하고 있다. 여기서, 집합적 행동의 문제는 개별 구성원들의 단

기적·자기 위주의 선택과 장기적·포괄적 이익의 선택 간에 대안적인 선택 여지의 존재, 구성원들 간의 갈등으로 인해 결합적 행동(joint actions)을 선택할 수 없는 상황에서는 언제든 발생할 수 있다.(Ostrom and Ahn, 2007) 예컨대, 소 500마리밖에 키울 수 없는 목초지에 소 1,000마리를 풀어놓게 되면 당연히 그 목초지는 조만간 황폐화될 수밖에 없다. 500마리 정도의 소만 방목해서 그 목초지를 장기적으로 계속 사용할 수 있도록 하는 것이 이 상황에서의 장기적·포괄적 이익이다. 그런데 그 목초지가 공유지(共有地)여서 가만히 놔두면 주변 소 1,000마리가 이용하게 되는 상황이라면, 남들보다 먼저 나의 소를 100마리든 200마리든 그 목초지에서 풀을 뜯게 하는 것이 나의 단기적·자기 위주의 선택이 된다. 따라서 500마리 정도만 그 목초지에 방목할 수 있도록 관련 목축업자들 간 협의가 제대로 이루어지지 않는다면, 갈등으로 인한 결합적 행동의 실패 사례에 해당하게 된다.

21 『브리태니커 백과사전』에 따르면, 집단사고는 "작고 응집적인 집단들의 개별 성원들이 집단 합의로 지각된 어떤 관점이나 결론을 그것의 타당성이나 올바름 또는 최적성 여부에 대한 믿음과는 별개로 받아들이는 경향이 있는 사고의 형태"를 일컫는다. 따라서 집단사고는 그 집단 내에서 집합적 문제 해결의 능률성을 떨어뜨린다.

메리엄-웹스터 온라인 사전은 집단사고를 "자기기만, 강요된 동의안, 그리고 집단 가치와 윤리에 대한 동조로 특징되는 사고의 패턴"으로 정의한다.

재니스(1982:9)는 집단사고를 "응집적인 내집단에 깊게 관련된 사람들에게서 나타나는 사고의 형태로, 만장일치를 향해 나아가는 그 성원들은 대안적인 행동경로를 실제적으로 평가하고자 하는 구성원들의 동기를 무시하게 된다"라고 규정한다.

22 챌린저호 폭발 사건 조사위원회의 위원장이자 노벨 물리학상 수상자인 리처드 파인만은 청문회에서 '오링'이 사고 원인이었음을 지적했다. 금속과 금속 사이를 밀폐하는 오링은 그 소재가 부드러운 고무다. 고무는 온도가 낮아지면 딱딱해져 밀폐 효과가 떨어지게 된다. 발사 장소인 케이프커내버럴은 1년 내내 따뜻한 날씨여서 이제까지 문제가 없었지만 그날따라 이상 한파로 기온이 영하로 떨어져 오링이 새면서 참사가 빚어졌던 것이다.

23 Esser, J. K. and Lindoerfer, J. S., 1989, "Groupthink and the space shuttle Challenger accident: Toward a quantitative case analysis", *Journal of Behavioral Decision Making*, 2: 167-177, Third Edition, Chicago: The University of Chicago Press.

Moorehead, G., Frence, R., and Neck, C. P., 1991, "Group decision fiascoes continue: Space shuttle Challenger and a revised groupthink framework", *Human Relations*, 44: 539-550.

24 집단지성은 집단지능, 협업지성 등의 의미로도 사용된다. 그것은 다수의 개체들이 서로 경쟁 또는 협력하는 과정을 통하여 획득하게 되는 집단의 지적 능력으로, 특정 조건하에서는 집단 내부의 어떤 개체보다도 뛰어난 결과를 만들어 낼 수 있다. 미국의 곤충학자인 윌리엄 M. 휠러(William M. Wheeler)는 벌써 100여 년 전, 개미의 경우 개체로서는 그 힘이 극히 미약하지만 집단의 경우는 협업을 통해서 거대하고 정교한 개미집을 만들어 낼 수 있음을 지적하며 집단지능의 전형적인 형태로 제시하였다.

25 Janis, Irving L., 1980, "Groupthink", eds. Harold J. Leavitt, Louis R. Pondy, and David M. Boje, *Reading in Managerial Psychology*, 442-443.

26 빅 데이터 분석 결과, 집단성과에는 의사소통 흐름의 패턴이 다른 모든 개인적인 요인들(지능, 성격, 기술 등)보다 더 중요한 것으로 나타났다. 예컨대, 사전에 아무런 정보가 없

어도 의사소통 흐름의 패턴만을 통해 상당히 정확하게 집단성과를 예측할 수 있는 것이다.(Pendland, 2012, 2013; 펜틀런드, 2015: 133-138; 김호인 외, 2016)

27 Pentland, Alex "Sandy", 2012, "The New Science of Building Great Teams", *Harvard Business Review(HBR)*, The April Issue.

Pentland, Alex "Sandy", 2013, "Beyond the Echo Chamber", *Harvard Business Review(HBR)*.

김호인·김훈태·손영우, 2016, 「Big Data로 들여다본 집단지성과 집단사고의 차이」, 『POSRI보고서』, 3-17.

동적 사고

28 박희봉, 「사회자본과 지역발전」, 『대구경북연구원 세미나자료』, 2016. 10. 24. 재인용.

29 박희봉, 『대구경북연구원 세미나자료』, 2016. 10. 24. 재인용.

30 애쓰모글루와 로빈슨(2012)에 따르면, 한 나라의 빈부(貧富)를 결정하는 데 경제 제도가 핵심적인 역할을 하지만, 그 나라가 어떤 경제 제도를 갖게 되는지를 결정하는 것은 정치와 정치 제도다. 즉, 정치 및 경제 제도의 상호작용이 한 나라의 빈부를 결정하게 된다. 따라서 그들은 사유재산과 공정한 경쟁 환경을 보장하는 포용적인 정치·경제 제도가 발전과 번영을 불러오고 지배 계층만을 위한 수탈적이고 착취적인 제도는 정체와 빈곤을 낳는다고 규정한다.

31 '과학(science)'이라는 말은 원래 '알다'라는 뜻의 라틴어 'scire'와 '지식'이라는 뜻의 라틴어 'scientia'에서 유래했다는 견해도 있다.(다이아몬드, 2013: 141)

32 박 정권이 후기에 독재정권화하게 된 것은 국가적으로 불행한 역사적 경험이지만, 한국의 경제 구조를 대외 지향적 개방형으로 형성한 것은 탁월한 선택이었음이 분명하다.

33 신영복, 2015, 『담론』, 돌베개.

34 유성룡, 2014/1633, 『징비록(懲毖錄)』(국보 제132호, 1633년 최초 출간), 김홍식 역, 서해문집, 266-267.

35 유성룡은 21세 때 퇴계 이황을 찾아가 수개월 수학하는 동안 김성일을 만나 함께 공부했던 것으로 알려져 있다.

36 이순신은 군량 마련을 위해 해로 통행첩을 발급한다. "3도 연안 지방을 통행하는 모든 배 가운데 통행첩이 없는 배는 간첩선으로 간주하고 통행을 금지한다"라고 명령을 내린다. 이순신은 배의 크기에 따라 쌀을 받고 통행첩을 발급해 주었는데, 큰 배는 세 석, 중간 배는 두 석, 작은 배는 한 석을 받았다. 당시 피란을 떠나는 배들은 모두 양식을 싣고 다녔기 때문에 그 정도 쌀을 바치는 것은 어렵지 않았으며, 오히려 안전하게 다닐 수 있음을 기쁘게 생각했다. 이순신은 10여 일 만에 1만여 석의 군량을 얻을 수 있었다.(유성룡, 2014/1633: 210)

37 유성룡, 2014/1633, 『징비록(懲毖錄)』, 211-213.

38 고니시 유키나가 등 일본군 수뇌부의 위계(僞計) 작전은 크게 두 단계로 나누어 볼 수 있다. 위계 작전의 첫 번째 그물은 이순신과 수적으로 열세인 조선 수군을 큰 바다로 유인해서 궤멸시키는 것이었다. 만약 상대가 위계임을 눈치 채고 걸려들지 않으면, 두 번째 그물은 보다 고난도의 전술로 자중지란을 부추기는 것이었다. 즉, 정적 사고에 찌든 어리석

은 조선 조정의 힘을 빌려 이순신을 제거하는 것이다. 일본군이 이 정도로 주도면밀하게 조선의 내부 사정을 꿰뚫고 있었는지는 불분명하다. 하지만 두 번째 그물이 일본군 수뇌부의 진정한 작전 목표였다면, 일본군의 위계 작전은 확실하게 성공한 작전임이 분명하다. 어디로 움직일지 모르는 상대의 반응을 몇 단계 미리 예견해서 겹겹이 그물을 쳐 간 전형적인 동적 사고형 복합전술에 해당한다.

39 이순신은 1597년 2월에 체포되어 관직이 삭탈되고 거의 죽을 만큼 고문을 받고 그해 8월 3일에 복직 명령을 받는다. 그의 죄목은 '조정을 기만해 임금을 무시한 죄, 적을 놓아줘 나라를 저버린 죄, 남의 공을 가로채 모함한 죄'이다.(『선조실록』 1597년 3월 13일) 판중추부사 정탁의 사형 불가론으로 겨우 살아남는다. 그의 고독과 좌절감은 『난중일기』(1597년 8월 12일)에 잘 나타나 있다. "이런 자들이 권세 있는 사람들에게 아첨이나 해서 감당하지 못할 지위에 올라가 국가의 일을 그르치고 있건만, 조정에서 살피지 못하고 있으니 어떻게 할 것인가."

40 유성룡, 2014/1633, 『징비록(懲毖錄)』, 262-264.

제3의 공간

41 커뮤니티(community)는 지역사회 또는 공동체라는 용어로 흔히 사용되고 있다. 엄밀히 말해 딱 들어맞는 표현은 아니지만 규모가 큰 동네 정도로 생각하면 될 것 같다. 서로 잘 알고, 따라서 어려운 일이 생겼을 때 서로 돕고 사는 것이 자연스러운 크기의 공간 규모를 상징한다. 함께(cum), 중요한 것을 나누는(munire) 것이 자연스럽게 일어날 수 있는 공간이 커뮤니티다.

42 김효정, 2013, 「생활밀착형 문화·여가시설 확충」, 『국토』, 8월: 15-16.

43 한병철, 2012, 『피로사회(*MÜDIGKEITSGESELLSCHAFT*)』, 김태환 역, 문학과지성사.

44 참여 관찰 형태의 경험을 통해 우리는 배려와 절제를 익힐 수 있다고 알려져 있다. 제3의 장소에서의 편안하고 유쾌한 분위기는 농담, 조롱, 말장난, 결론 없이 끝난 이야기들을 모두 나름대로의 색깔과 의미를 갖게 만들 뿐만 아니라, 가정이나 일터에서는 불가능한 절제나 냉정함을 가능하게 할 수 있다. 유머나 위트를 통해 이기적인 현실에서의 좌절감이나 박탈감, 허세로 가득한 일상을 전복시키고 불쾌한 사람들에 대한 면역력을 높이는 대화가 가능하다. 이와 관련해서, 미 법률가 헨리 세지윅(Henry Sedgwick)이 제시한 대화의 규칙이 흥미롭다.(올든버그, 2019) ① 대화 시간의 반은 침묵에 할애하라. (침묵의 시간이) 절반을 넘어도 좋다. ② 다른 사람의 이야기에 집중하라. ③ 본인의 생각을 말하되 다른 사람의 기분을 상하게 하지 않도록 주의하라. ④ 다른 사람들이 일반적으로 관심을 갖지 않는 주제는 피하라. ⑤ 개인적인 이야기는 가급적 피하고 그 자리에 있는 다른 사람들에 관해 이야기 하라. ⑥ 가르치려 하지 말라. ⑦ 상대방이 들을 수 있는 한 목소리를 낮춰라.

45 올든버그, 레이, 2019, 『제3의 장소(*The Great Good Place – The Third Place* by Ray Oldenburg, 1999)』, 풀빛, 46.

46 1위 핀란드(7.63점), 2위 노르웨이(7.59점), 3위 덴마크(7.56점), 18위 미국(6.89점), 57위 한국(5.89점) 등이다.

AI 도덕

47 이스라엘의 한 탁아소에서 아이 부모들이 직장 문제 등으로 제시간에 아이들을 데리러 오지 않는 경우가 빈발하자, 소장 이하 유아 선생님들이 관리 목적상 늦게 오는 시간에 따라 부모들에게 벌과금을 매긴다고 공지하고 실행했다. 그런데 벌과금을 매기기 전에는 늦게 오는 부모들이 아이들 선생님께 매우 미안한 마음으로 거듭 사과하며 다시는 이런 일이 없게 하겠다고 약속하곤 했다. 그런데 지각 벌과금 부과 이후부터는 늦게 와도 그렇게 미안해하지도 않고 오히려 더 늦게 오는 경우가 빈번하게 발생했다. 지각 벌과금 부과 이유가 사실 늦게 오는 부모들의 수나 시간을 단축하는 데 있었는데, 오히려 역효과가 발생한 것이다. 그래서 탁아소 소장은 지각 벌과금 부과 이전으로 돌아간다고 공지하고 실행했다. 그런데 이번에는 벌과금도 내지 않을 뿐만 아니라 아이 부모들이 늦게 오는 것에 대해서 그렇게 미안해하지도 않더라는 것이다. 늦게 오는 것에 대해 미안해하고 그런 일이 생기지 않게 유의하는 것은 사회적 규범의 영역이지만, 벌과금의 부과와 납부 행동은 시장 규칙의 영역이다. 시장 규칙과 사회적 규범이 충돌하면 시장 규칙이 우위에 서게 되고, 한번 시장 규칙이 지배하게 되면 그 자리에 사회적 규범이 다시 들어서기 어렵게 된다는 것이다.(애리얼리, 2008)

48 토마셀로의 인간의 도덕적 결정을 위한 도덕적 정체성 모형에 따르면, 도덕적 정체성의 핵심에는 네 가지 관심이 존재한다. 나에 대한 관심, 상대인 너에 대한 관심, 나와 너는 모두 존중받아야 할 동등한 존재라는 평등에 대한 관심(self-other equivalence), 나도 아니고 너도 아니지만 공동의 문제를 풀어 가는 데 중요한 실체로서 우리에 대한 관심이 있다. 현실 세계의 많은 도덕적 상황에는 이런 관심들의 다수 또는 전부의 복잡한 조합(組合)이 포함되며, 이 때문에 도덕적 딜레마가 생겨나게 된다. 예컨대, 남의 먹을거리를 훔쳐서는 안 된다는 사회 규범이 있지만, 내 아이와 친구가 굶주리고 있다면 어떻게 될까 하는 것이다. 인간의 도덕적 정체성 모형에는 핵심적인 도덕적 정체성인 네 가지 관심과 함께 그 관심 영역의 외연에 해석적 정당화 보호 벨트가 자리하고 있다.(토마셀로, 2018: 215-242)

49 베그, 로랑, 2013,『도덕적 인간은 왜 나쁜 사회를 만드는가(*Psychologie Du Bien Et Du Mal* by Laurent Begue, 2011』, 이세진 역, 부키.

50 박종화, 2018,『집합적 행동논리와 사회적 자본 담론』, 박영사, 387-388.

51 파리스는 트로이의 왕자로 태어났지만 트로이를 멸망시킬 것이라는 불운한 운명에 대한 점성술사의 예언으로 산속에 버려지고 양치기로 자라게 된다. 어느 날 산속에서 헤라, 아테나, 아프로디테를 만나, 그 세 여신들 간의 다툼을 해결해 주는 역할을 맡게 된다. 불화의 여신 에리스(Eris)가 남긴 황금 사과를 누가 갖는 것이 맞느냐 하는 것인데, 헤라는 지상에서의 절대 권력을, 사랑과 미의 여신 아프로디테는 지상 최고의 미인을, 지혜의 여신 아테나는 끝없는 지혜를 약속한다. 운명의 사슬에 묶인 파리스는 아프로디테의 손을 들어 준다. 이후, 아프로디테의 도움으로 파리스는 그리스 방문 길에 지상 최고의 미인 헬레네를 만나게 되고 그녀와 함께 트로이로 달아난다. 분노한 헬레네의 남편 메넬라오스를 중심으로 이루어진 그리스 연합군과 트로이 간에 긴 전쟁이 발발하게 되고, 오디세이의 '트로이의 목마' 전술에 의해 트로이는 점성술사의 예언과 같이 멸망한다.

52 2014년 6월 14일, 중국 국무원은 사회신용 시스템 구축 계획을 발표했다. 이 시스템은 법, 규정, 기준, 윤리헌장 등을 바탕으로 운영되고, 사회 구성원들의 신용 정보와 신용 인프라를 연계시켜 하나의 신용망으로 구축된다. 모든 중국 국민은 네 개의 중점 분야(정부·상업·사회·사법 부문)에서 평점을 받게 된다. 국가발전개혁위원회(NDRC)가 전체

계획을 총괄 추진하며 지방 정부들도 이 위원회의 승인을 받아 각 성(省) 및 시(市)에서 사회신용 시스템을 구축한다. 중국의 대표적 온라인 기업인 알리바바(Alibaba)와 텐센트(Tencent)를 포함한 8개 회사는 NDRC의 승인을 받아 모든 온라인 사용자에 대한 금융 및 법적 정보를 취합하여 자체적으로 신용 평가 체제를 운영하고 있으며, 관련 빅데이터는 중국 정부에 넘겨져 국가적 사회신용 시스템 구축에 활용된다.(김진우, 2017)

53 밀, 존 스튜어트, 2015, 『자유론(*On Liberty* by John S. Mill, 1859)』, 서병훈 역, 책세상, 49-69.

54 밀, 존 스튜어트, 2015, 『자유론』, 44, 115.

55 밀, 존 스튜어트, 2015, 『자유론』, 158-159.

56 베그, 로랑, 2013, 『도덕적 인간은 왜 나쁜 사회를 만드는가』.

57 한병철, 2014, 『투명사회(*Transparenzgesellschaft* by Han Byung-Chul』), 김태환 역, 문학과지성사.

58 파놉티콘(Panopticon)은 18세기 말 영국 철학자인 제러미 벤담이 고안한 원형 감옥. 전체(pan)를 바라볼 수 있는 것(opticon)이라는 의미로, 죄수들의 일거수일투족이 360도 어느 방향에서든 간수들의 시선에서 벗어날 수 없는 구조의 감옥이다. 간수들이 자신의 행동을 언제 어디서건 감시할 수 있다는 것을 알게 되면, 죄수들은 결국 스스로 자신을 감시하게 된다. 미셸 푸코(Michel Foucault) 등 현대 철학자들이 파놉티콘의 구조가 현대인들의 삶의 구조와 유사하다고 지적하면서 주목받게 된 용어다.

59 한병철, 2014, 『투명사회』, 74.

60 브룩스, 데이비드, 2015, 『인간의 품격(*The Road to Character* by David Brooks, 2015)』, 김희정 역, 부키(주), 57 재인용.

61 묵형은 자자형(刺字刑)으로도 불린, 고대 형벌 중 하나다. 죄인들과 정상인들을 명확하게 분리·식별하고, 죄인들이 도망칠 수 없도록 얼굴 등에 먹물로 죄명의 글자나 도안을 각인하는 것이다. 현대사회에서는 자신을 표현하는 형태로 다양한 색깔의 문신을 자발적으로 하는 경우가 있지만, 특히 고대사회의 여성들은 묵형을 죽음의 형벌에 준하는 형태로 매우 수치스럽게 받아들였다.

신뢰의 반지름

62 1960년대 이후 한국의 고도성장 과정에는 다양한 이론과 견해가 존재한다. 근대화 패러다임(Modernization Paradigm)과 종속화 패러다임(Dependency Paradigm)으로 크게 나누어 볼 때, 개발도상국들도 서구 사회의 발전 경험을 복제해 낼 수 있다고 보는 것은 근대화 패러다임에 속한다. 이를 좀 더 세분화하고 구체화해서, 임현진 교수는 한국의 초창기 대외 지향적 경제개발 패러다임을 종속적 개발 패러다임(Dependent Development Paradigm)으로 제시한다. 삼성, 현대, LG 등 로컬 자본가들의 기여, 경제개발을 적극적으로 유도하고 추진하는 강력한 국가 정책, 미국의 지리·정치적 이해관계 등의 상승적 결합 효과로 규정한다. 종속화 패러다임은 서구의 발전 경험이 개발도상국에 제대로 이식되는 것은 불가능하다고 보는 관점으로, 서구 사회와의 관계 단절을 통한 새로운 길 개척이 답이라는 주장이다.

63 토마셀로, 마이클, 2018, 『도덕의 기원(*A Natural History of Human Morality* by

Michael Tomasello, 2016)』, 유강은 역, 이데아, 85-117.

64 초기 인류의 경우, 나무 열매를 따는 데는 원숭이에 비해서 열등했고, 들판의 초식 동물을 잡는 데는 여타 육식 동물들에 비해 대개 힘도 약했고 빠르지도 않았다. 게다가, 기후 조건 역시 그렇게 좋지 않아 생존의 기본 수요를 충족해 가는 것조차 여의치 않았던 것으로 알려져 있다. 제레드 다이아몬드(2013: 50-52)에 따르면, 10만 년 전 아프리카 인류는 조잡한 석기를 사용하고 사냥 기술은 별 볼 일 없어서 주로 죽이기 쉽고 위험하지 않은 동물만을 사냥할 수 있었다. 심지어 물고기조차 못 잡았다. 그러다 약 5만 년 전 '대약진'의 시기에 현생 인류 크로마뇽인이 나타나 표준화된 석기, 장신구, 인공 유물, 골기(예: 낚싯바늘), 작살, 투창기, 활과 화살 등이 사용된다. 비로소 인류는 안전한 거리에서 동물을 죽일 수 있는 효과적 수단을 갖게 된 것이다. 그물, 낚싯줄, 덫 등을 만들 수 있는 끈이 발명되어 꿰매어 만든 의류와 집으로 추위를 대비하고 장신구, 꼼꼼하게 매장한 유골이 등장하게 된다.

65 부패의 규범이 수립되면 뇌물이 당연한 것으로 받아들여지게 된다. 예컨대, 정부 공사를 따려면 건축 계약의 경우 총 공사비의 5퍼센트, 청소 서비스는 10퍼센트, 건물 보수나 개축의 경우에는 15퍼센트를 정당에 납부하는 것을 당연하게 생각하는 것이다. 일단 부패의 관행이 수립되면, 그것이 문화적 뿌리를 가지게 되고, 그 자체의 '규범적인 체계(normative system)'를 창조해 내고, 이심전심의 에티켓(가령, 요청받기 전에 적정 액수의 뇌물을 바치는 것)을 만들어 내게 되는 것이다.(Della Porta and Vannucci, 1999; Warren, 2008 재인용) 부패 문제는 흔히 도덕의식이나 사회적 규범의 결여로 인식되어 왔다. 그러나 부패의 원인은 그렇게 단순한 것이 아니다. 부패는 윤리적 문제이기 이전에 지식의 문제이고, 경쟁의 문제이고, 사회문화의 문제이다. 사회적 측면에서의 비용과 편익을 일단 논외로 한다 하더라도, 개인적 측면에서의 부패의 기대이익과 기대손실을 제대로 따져 보지 못함으로써 연유하는 부패는 관련 지식의 결여 문제로 볼 수 있다. 사활적 경쟁에서 살아남기 위해서 부득이 부패 수단에 의존할 수밖에 없다면, 이 경우 부패는 경쟁의 치열성에서 기인하는 경쟁의 문제이다. 특정 사회에서 특정 형태나 수준의 부패 현상을 당연하게 인식함으로써 연유하는 부패 문제는 사회문화적 문제로 볼 수 있다. 물론 특정인의 도덕적 수준이 낮아서 부패가 발생하는 경우도 있을 것인데, 이는 개인 윤리적 문제에 해당하게 될 것이다.(박종화, 2018: 132)

66 Marchetti, S,「SEE NAPLES AND CHOKE TO DEATH('불의 땅'이 돼 버린 나폴리)」, 정경희 역,『뉴스위크』 한국판, 2014. 1. 27., 22-23.

67 울프(C. Wolf, Jr.)는 이런 경우(잘 조직된 소수가 다수를 이용)를 미시적 분리(microdecoupling) 현상으로 규정한다. 이에 반해, 다수가 소수를 이용하는 것은 거시적 분리(macrodecoupling) 현상에 해당한다.(울프, 1991: 42-45)

68 고대 이집트에서는 시신을 방부 처리한 미라를 통해 영생을 꿈꿨지만, 한민족의 문화에서는 그런 흔적을 거의 찾기 어렵다. 생명의 시작과 끝을 하늘과 땅을 이어 주는 수목(樹木)의 생과 사를 통해 바라보는 생사관에는 지금 보는 이 나무가 벼락을 맞아 사라져도 그 씨앗이 싹이 트면 그 나무의 삶은 진행형이 된다. 동일한 맥락에서, 혈연의 사식을 통해 자신의 삶이 영원히 지속될 수 있다고 보는 한민족의 우주관에서는 비혈연관계를 입양 등의 형태로 가족의 일원으로 받아들이기는 쉽지 않았고 또 앞으로도 쉽지 않을 것으로 보인다.

아름다운 유산

69 베그, 로랑, 2013, 『도덕적 인간은 왜 나쁜 사회를 만드는가(*Psychologie Du Bien Et Du Mal* by Laurent Begue, 2011)』, 이세진 역, 부키.

70 보스턴 지역 아이들을 대상으로 한 월터 미셸(Walter Mischel)과 동료들의 '자제력 연구' 결과에 따르면, 마시멜로 테스트에서 지연 시간이 가장 짧았던 아이들은 평균 성적이 낮을 뿐만 아니라 정학 처분을 받는 빈도도 높게 나타났다. 약한 아이를 괴롭힐 확률 역시 가장 높았다. 만족감을 지연하는 능력으로 체중을 예측할 수도 있었는데, 지연 점수가 높은 아이들이 더 날씬한 체격을 유지했다.(액스트, 2013: 146-150 재인용)

71 월터 미셸의 마시멜로 테스트는 사실 1960년대와 1970년대에 550명 이상의 아이들을 대상으로 반복 실시된 것이다. 최근 심리학자인 셀레스트 키드와 동료들은 미셸의 실험 대비 실험 조건을 바꾼 흥미로운 실험 결과를 제시했다. 의도적으로 실험 대상 아이들 가운데 절반에게는 자기가 말한 약속을 잘 지키지 않는 신뢰할 수 없는 연구자를 배정하고, 나머지 절반에게는 믿을 만한 연구자를 배정했다. 그랬더니, 처음에 믿을 만한 연구자를 대면한 아이들 가운데 3분의 2는 나중에 더 큰 보상을 받기 위해 과자를 먹지 않고 15분간을 잘 버텼다. 하지만 애초에 예측 불가능한 행태의 연구자를 대면한 아이들은 14명 중 단 1명만 15분간을 버텼다. 결과적으로 이 실험 결과는 자기 절제 능력이란 오롯이 개인의 의지에 달린 행태 특성이라기보다는 상황과 환경에 영향을 크게 받을 수 있는 행태 특성이라는 것을 보여 준다. 즉 한 개인의 성공 요인을 밝혀 가는 과정에서 개인적인 차원뿐만 아니라 상황적 차원의 접근도 함께 이루어질 필요가 있다는 것이다.(Kidd et al., 2013: 109-114; 브링크만, 2020: 29-36 재인용)

72 미국 성인 인구의 비만율은 1980년 이전에는 15퍼센트 언저리에 불과했다. 그러다 지금은 성인 인구 세 명 중 한 명 이상이 비만 인구로 분류된다.

73 Spinoza, Benedict de, 2005/1677, *Ethics*, trans, Edwin Curly, Penguin Classics.

74 액스트, 대니얼, 2013, 『자기절제 사회(*We have met the enemy: Self-control in an Age of Excess* by Daniel Akst, 2011)』, 구계원 역, 민음사, 130-134 재인용.

75 브룩스, 데이비드, 2015, 『인간의 품격(*The Road to Character* by David Brooks)』, 김희정 역, 부키(주), 452-455.

76 액스트, 대니얼, 2013, 『자기절제 사회』, 222 재인용.

77 OECD가 2018년 6월 15일 발표한 보고서 「사회적 엘리베이터는 붕괴했는가?(A Broken Social Elevator?)」에 따르면, 한국과 미국, 영국 등의 경우 가난한 집 아이들이 중산층이 되려면 다섯 세대나 걸린다. 반면에 북유럽 국가인 노르웨이와 스웨덴은 세 세대 만에 중산층에 올라설 수 있다고 한다.

78 '야합(野合)'은 사마천의 『사기(史記)』에 나오는 표현이다. 고대사회에서는 정상적인 결혼 형태가 아닌 상태에서의 남녀의 결합을 일컬어 야합이라는 표현을 사용했다는 주장이 있다. 공자가 태어났을 때 아버지 나이가 70세였다는 기록도 있다.(신영복, 2015)

79 최제우(崔濟愚)의 본명은 최제선(崔濟善)이었으나, 어리석은 백성을 구제해야 한다는 뜻에서 최제우로 개명한다. 본관은 경주로 1824년 12월 18일 경주 가정리에서 태어났다. 최제우는 10세에 어머니를 잃고, 13세에 울산 출신 박씨와 결혼한다. 17세에 부친이 사망하자 삼년상을 치른 후 격동의 19세기 중반 조선 사회를 10년간 유랑하며 새 시대를 열어 갈 이념을 고민한다. 1860년 음력 4월 5일, 36세에 득도하여 '천인합일(天人合一)' 사상의

동학(東學)을 창시하나, 1864년 1월 18일 '삿된 도(道)로 세상을 어지럽힌 죄'로 경주에서 체포되어 동년 4월 15일 대구 장대에서 처형된다.

80 스티브 잡스는 생모가 대학원생이라 대졸자에게 입양되는 것이 생모의 입양 동의의 제1 조건이었다고 한다. 따라서 변호사 가정에 입양이 예정되어 있었는데, 마지막 순간에 그 양부모 예정자들이 여자아이를 원한다는 의사를 밝히는 통에, 갑자기 예정에 없던 저학력 근로자 계층에 자신이 입양되게 되었다는 이야기를 성공한 후에 밝혔다. 부모가 가난한 근로자 계층이었기에 잡스의 공식적 대학 학력은 리드대(Reed College) 6개월로 끝나게 된다. 그다음 18개월간, 리드대에서 중퇴자인 청강생 신분으로 이 강좌 저 강좌 배우고 싶은 과목을 그는 '자율적으로' 학습하게 된다.

81 시리아에서 유래된 다마스커스 명검은 강철과 연철을 번갈아 수십 겹 겹쳐 섭씨 1,400도가 넘는 고열로 가열한 다음 두드려 펴고 다시 잘라 겹치기를 무수히 반복해 수백 겹에 이르는 담금질된 쇠뭉치로 쇠도 자를 수 있는 칼을 만드는 것으로 알려져 있다. 일본도의 최고 명품으로 이름 난 마사무네(正宗) 역시 기본적으로 유사한 방법으로 제조된 것으로 알려져 있다. 마사무네의 경우 실용성뿐만 아니라 미관까지 겸비해서 일본도의 최고 이상인 '명도(名刀)'로 떠받들어지고 있다.

82 액스트, 대니얼, 2013, 『자기절제 사회』, 208-214 재인용.

83 크레타 섬에 갇힌 다이달로스는 하늘로 날아올라 탈출하기 위해 밀랍으로 된 날개 두 쌍을 만든다. 아들인 이카루스에게 날개를 달아 주면서 밀랍이 태양에 녹지 않도록 너무 하늘 높이 날아오르지 말고, 바닷물에 날개가 젖지 않도록 너무 바다 가까이 내려가지 말라고 주의를 준다. 삶의 과정에서 절제하지 않을 때 어떤 결과가 발생하는지 너무 잘 알고 있는 다이달로스는 여느 부모처럼 자신의 삶의 경험을 이카루스에게 전수한다. 하지만 젊은 이카루스는 부모의 삶의 지혜를 흘려듣고 더 높이 더 높이 하늘로 날아오르다가 결국 밀랍 날개가 녹아 바다로 떨어져 죽게 된다. '더 더' 유혹에 굴복하는 욕망의 노예가 되지 않도록 노력하는 과정에서의 세대 간의 갈등을 이보다 더 극적으로 보여 주는 스토리가 있을까.

3분 36초

84 KBS 사회적 자본 제작팀, 2017, 『사회적 자본』.

고든, 메리, 2010, 『공감의 뿌리(*Root of Empathy: Changing the World Child by Child* by Mary Gordon, 2009)』, 문희경 역, 샨티.

참고문헌

마이너스 인간

윤성주, 2017, 「'포용적 성장'의 개념 및 연구동향」, 『국토』, 4: 6-13.

퍼트넘, 로버트 D., 2009, 『나 홀로 볼링 - 사회적 커뮤니티의 붕괴와 소생(*Bowling Alone: The Collapse and Revival of American Community* by Robert D. Putnam, 2000)』, 정승현 역, 페이퍼로드.

피케티, 토마, 2014, 『21세기 자본(*Capital in the Twenty First Century* by Thomas Piketty, 2013)』, 장경덕 외 역, 글항아리.

Reich, Robert B., 1992, *The Work of Nations: Preparing Ourselves for 21st Century Capitalism*, Vintage.

고립된 섬

기획재정부, 2018, 『OECD 한국경제보고서』.

김유진, 2015, 「가정 내 반복적인 학대발생과 외부 개입을 체험한 피학대 노인의 경험에 관한 질적 연구」, 『보건사회연구』, 35(2): 315-346.

박종화, 2018, 『집합적 행동논리와 사회적 자본 담론』, 박영사.

이동원·정갑영 외, 2009, 『제3의 자본』, 삼성경제연구소.

피케티, 토마, 2014, 『21세기 자본(*Capital in the Twenty First Century* by Thomas Piketty, 2013)』, 장경덕 외 역, 글항아리.

허민숙, 2021, 「미국 가정폭력 의무체포 제도의 피해자 보호 함의 및 시사점」, 『국회입법조사처』, 05: 1-7.

후쿠야마, 프랜시스, 1996, 『트러스트: 사회도덕과 번영의 창조(*Trust: The Social Virtues and the Creation of Prosperity* by F. Fukuyama, 1995)』, 구승회 역, 매일경제신문사.

Cowen, Tyler, 2013, *Average Is Over - Powering America Beyond the Age of the Great Stagnation*, Penguin.

PRI(Policy Research Initiative), 2005, *Social Capital as a Public Policy Tool*, Project Report, Canada.

표류사회

갤브레이스, 존 K., 1994, 『경제사 여행(*A Journey Through Economic Time* by John K. Galbraith, 1994)』, 조규하 역, 고려원.

드러커, 피터, 1999, 「자본주의 사회에서 지식사회로」, 『지식자본주의 혁명(*The Knowledge Economy* by Dale Neef, 1997)』, 기술과 진화의 경제학연구회 역, 21세기북스.

루쉰, 2011, 「고향」, 『루쉰 소설선 아Q정전』, 전형준 역, 창비, 49-64.

밀러, 아서, 2009, 『세일즈맨의 죽음(*Death of a Salesman* by Arthur Miller, 1947)』, 강유나 역, 민음사.

부크홀츠, 토드, 2017, 『다시, 국가를 생각하다(*The Price of Prosperity* by Todd G. Buchholz, 2016)』, 박세연 역, 21세기북스.

브룩스, 데이비드, 2015, 『인간의 품격(*The Road to Character* by David Brooks, 2015)』, 김희정 역, 부키(주).

솔로베이치크, 조셉 B., 『고독한 신앙인(*The Lonely Man of Faith* by Joseph Soloveitchik, 1965/2011)』.

스타인벡, 존, 2008, 『분노의 포도(*The Grapes of Wrath* by John Steinbeck, 1939)』, 김승욱 역, 민음사.

올든버그, 레이, 2019, 『제3의 장소(*The Great Good Place - The Third Place* by Ray Oldenburg, 1999)』, 풀빛.

칸딘스키, 바실리, 2004, 『점·선·면』, 차봉희 역, 열화당.

한병철, 2012, 『피로사회(*MÜDIGKEITSGESELLSCHAFT*)』, 김태환 역, 문학과지성사.

황순원, 1986/1960, 『나무들 비탈에 서다』, 문학사상사.

Keynes, J. M., 1995, *The Economic Consequences of the Peace*, Reprint, Penguin Classics.

Heilbroner, R. L. and W. Milberg, 2012, *The Making of the Economic Society*, Pearson.

집단사고

김호인·김훈태·손영우, 2016, 「Big Data로 들여다본 집단지성과 집단사고의 차이」, 『POSRI보고서』, 3-17.

펜틀런드, 알렉스, 2015, 『창조적인 사람들은 어떻게 행동하는가(*Social Physics* by Alex S. Pentland, 2014)』, 박세연 역, 와이즈베리.

Esser, J. K. and Lindoerfer, J. S., 1989, "Groupthink and the space shuttle Challenger accident: Toward a quantitative case analysis", *Journal of Behavioral Decision Making*, 2: 167-177.

Janis, Irving L., 1972, *Victims of groupthink*, Boston: Houghton Mifflin.

Janis, Irving L., 1980, "Groupthink", eds., Harold J. Leavitt, Louis R. Pondy, and

David M. Boje, *Reading in Managerial Psychology*, Third Edition, Chicago: The University of Chicago Press.

Janis, Irving L., 1982, *Groupthink*, Boston: Houghton Mifflin.

Moorehead, G., Frence, R., and Neck, C. P., 1991, "Group decision fiascoes continue: Space shuttle Challenger and a revised groupthink framework", *Human Relations*, 44: 539-550.

Ostrom, E. and Ahn, T. K., 2007, "The Meaning of Social Capital and Its Link to Collective Action", *W07-19*, Indiana University, 1-34.

Pentland, Alex "Sandy", 2012, "The New Science of Building Great Teams", *Harvard Business Review(HBR)*, The April Issue.

Pentland, Alex "Sandy", 2013, "Beyond the Echo Chamber", *Harvard Business Review(HBR)*, The November Issue.

동적 사고

다이아몬드, 제레드, 2013, 『총, 균, 쇠(*Guns, Germs, And Steel* by Jared Diamond, 1997)』, 김진준 역, 문학사상.

박종화, 2018, 『집합적 행동논리와 사회적 자본 담론』, 대영문화사.

박희봉, 2016, 「사회자본과 지역발전」, 『대구경북연구원 세미나자료』, 10월 24일.

비숍, 이사벨라 L. 버드, 2000, 『조선과 그 이웃 나라들(*Korea and her Neighbors* by Isabella L. Bird Bishop, 1897)』, 신복룡 역, 집문당.

신영복, 2015, 『담론』, 돌베개.

애쓰모글루, 대런, 로빈슨, 제임스 A., 2012, 『국가는 왜 실패하는가(*Why Nations Fail* by Daron Acemoglu and James A. Robinson, 2012)』, 최완규 역, 시공사.

유성룡, 2014/1633, 『징비록(懲毖錄)』, 국보 제132호, 1633년 최초 출간, 김흥식 역, 서해문집.

Kevin, Lynch, 1960, *The Image of the City*, The MIT Press.

제3의 공간

김효정, 2013, 「생활밀착형 문화·여가시설 확충」, 『국토』, 8월: 15-22.

마스다 무네아키, 2015, 『지적자본론』, 이정환 역, 민음사.

신영복, 2017, 『냇물아 흘러흘러 어디로 가니』, 돌베개.

신영복, 2015, 『담론』, 돌베개.

올든버그, 레이, 2019, 『제3의 장소(*The Great Good Place - The Third Place* by Ray Oldenburg, 1999)』, 풀빛.

유현준, 2015, 『도시는 무엇으로 사는가』, 을유문화사.

한병철, 2012, 『피로사회(*MÜDIGKEITSGESELLSCHAFT*)』, 김태환 역, 문학과지성사.

헬베그-라르센, 마리, 2018, 「덴마크는 왜 '행복의 나라'일까?(Why Is Denmark So Happy?)」, 『뉴스위크 한국판』, 5월 28일: 22-23.

AI 도덕

김진우, 2017, 『조지 오웰의 악몽: 중국의 사회신용시스템』, 3월 10일, 아산정책연구원.

밀, 존 스튜어트, 2015, 『자유론(*On Liberty* by John S. Mill, 1859)』, 서병훈 역, 책세상.

바우만, 지그문트, 데이비드 라이언, 2014, 『친애하는 빅브라더(*Liquid Surveillance* by Zygmunt Bauman and David Lyon, 2012)』, 한길석 역, 오월의 봄.

박종화, 2018, 『집합적 행동논리와 사회적 자본 담론』, 박영사.

베그, 로랑, 2013, 『도덕적 인간은 왜 나쁜 사회를 만드는가(*Psychologie Du Bien Et Du Mal* by Laurent Begue, 2011)』, 이세진 역, 부키.

브룩스, 데이비드, 2015, 『인간의 품격(*The Road to Character* by David Brooks, 2015)』, 김희정 역, 부키(주).

오웰, 조지, 2003, 『1984(1984 by George Orwell, 1949)』, 정회성 역, 민음사.

애리얼리, 댄, 2008, 『상식 밖의 경제학(*Predictably Irrational* by Dan Ariely, 2008)』, 장석훈 역, 청림출판.

포스트먼, 닐, 2020, 『죽도록 즐기기(*Amusing Ourselves to Death* by Neil Postman, 1985)』, 홍윤선 역, 굿인포메이션.

프랭클, 빅터, 2017, 『죽음의 수용소에서(*Men's Search for Meaning* by Viktor E. Frankl, 1946)』, 이시형 역, 청아출판사.

토마셀로, 마이클, 2018, 『도덕의 기원(*A Natural History of Human Morality* by Michael Tomasello, 2016)』, 유강은 역, 이데아.

톨스토이, 레프 N., 2016, 『이반 일리치의 죽음(*The Death of Ivan Il'ich* by Lev N. Tolstoy, 1886)』, 이순영 역, 문예출판사.

한병철, 2014, 『투명사회(*Transparenzgesellschaft* by Han Byung-Chul)』, 김태환 역, 문학과지성사.

헉슬리, 올더스, 2018, 『멋진 신세계(*Brave New World* by Aldous L. Huxley, 1932)』, 이덕형 역, 문예출판사.

Keizer, K., Lindenberg, S., and Steg, L., 2008, "The Spreading of disorder", *Science*, 322: 1681-1685.

Marin, S. J., Goldstein, N. J., and Cialdini, R. B., 2014, *The Small Big: small changes that spark big influence*, Grand Central Publishing.

Wilson, J. Q. and Kelling, G. L. C., 1982, "Broken windows: The Police and neighborhood safety", *The Atlantic*, May, 29-38.

신뢰의 반지름

다이아몬드, 제레드, 2013, 『총, 균, 쇠(*Guns, Germs, And Steel* by Jared Diamond, 1997)』, 김진준 역, 문학사상.

박종화, 2018, 『집합적 행동논리와 사회적 자본 담론』, 박영사.

복거일, 2014, 「국가적 도덕 재무장부터 … 대통령이 비전 제시해야」, 『조선일보』, 박해연 기자, A3.

울프, 찰스, Jr., 1991, 『시장과 정부(*Markets Or Governments - Choosing Between Imperfect Alternatives* by Charles Wolf, Jr., 1986)』, 전상경 역, 교문사.

에코, 움베르토, 1986, 『장미의 이름(*The Name of the Rose* by Umberto Eco, 1980)』, 이윤기·이동진 역, 열린책들.

토마셀로, 마이클, 2018, 『도덕의 기원(*A Natural History of Human Morality* by Michael Tomasello, 2016)』, 유강은 역, 이데아.

토크빌, 알렉시 드, 1997, 『미국의 민주주의(*Democracy in America* by Alexis de Tocqueville, 1835)』, 임효선·박지동 역, 한길사.

퍼트넘, 로버트 외, 2000, 『사회적 자본과 민주주의(*Making Democracy Work - Civic Traditions in Modern Italy* by Robert D. Putnam, Robert Leonardi, Raffaella Y. Nanetti, 1993)』. 안청시 외 역, 박영사.

퍼트넘, 로버트, 2009, 『나 홀로 볼링 – 사회적 커뮤니티의 붕괴와 소생(*Bowling Alone - The Collapse and Revival of American Community* by Robrt D. Putnam, 2001)』, 정승현 역, 도서출판 페이퍼로드.

퍼트넘, 로버트, 2016, 『우리 아이들 – 빈부격차는 어떻게 미래세대를 파괴하는가(*Our Kids - The American Dream in Crisis* by Robert D. Putnam, 2015)』, 정태식 역, 도서출판 페이퍼로드.

후쿠야마, 프랜시스, 1996, 『트러스트(*Trust* by Francis Fukuyama, 1995)』, 구승회 역, 한국경제신문사.

Della Porta, D. and Vannucci, A., 1999, *Corrupt Exchanges: Actors, Resources, and Mechanisms of Political Corruption*, N. Y.: Walter de Gruyter.

Marchetti, S., 2014, 「SEE NAPLES AND CHOKE TO DEATH('불의 땅'이 돼 버린 나폴리)」, 정경희 역, 『뉴스위크 한국판』, 1월 27일.

Warren, M. E., 2008, "The nature and logic of bad social capital", In *The Handbook of Social Capital*, eds. Castiglione, D., Van Deth, J. W. and Wolleb, G., 122-149. New York: Oxford University Press.

아름다운 유산

김구, 2019/1947, 『백범일지』, 더스토리.

루트번스타인, 로버트·루트번스타인, 미셸, 2007, 『생각의 탄생(*Spark of Genius* by Robert Root-Bernstein, Michèle Root-Bernstein, 1999)』, 박종성 역, 에코의서재.

베그, 로랑, 2013, 『도덕적 인간은 왜 나쁜 사회를 만드는가(*Psychologie Du Bien Et Du Mal* by Laurent Begue, 2011)』, 이세진 역, 부키(주).

브룩스, 데이비드, 2015, 『인간의 품격(*The Road to Character* by David Brooks)』, 김희정 역, 부키(주).

브링크만, 스벤, 2020, 『절제의 기술(*The Joy of Missing Out* by Svend Brinkmann, 2017)』, 강경이 역, 다산초당.

액스트, 대니얼, 2013, 『자기절제 사회(*We have met the enemy: Self-control in an Age of Excess* by Daniel Akst, 2011)』, 구계원 역, 민음사.

톨스토이, 레프 N., 2016, 『이반 일리치의 죽음(*The Death of Ivan Il'ich* by Lev N. Tolstoy, 1886)』, 이순영 역, 문예출판사.

Aristotle, 2004, *The Nicomachean Ethics*, trans. J. A. K. Thompson, Penguin Classics.

Duckworth, Angela L., 2016, *GRIT: The Power of Passion and Perseverance*, Ebury Publishing.

Kidd, Celeste et al., 2013, "Rational Snacking: Young Children's Decision-making on the Marshmallow Task is Moderated by Beliefs about Environmental Reliability", *Cognition*, 126(1): 109-114.

Leary, Mark R., 2004, *The Curse of the Self: Self-Awareness, Egotism, and the Quality of Human Life*, Oxford University Press.

Mischel, W., Shoda, Y., and Rodriguez, M., 1989, "Delay of Gratifi cation in Children", *Science*, 244(4907).

OECD, 2018, *A Broken Social Elevator? How to Promote Social Mobility*, 6월 15일.

Spinoza, Benedict de., 2005/1677, *Ethics*, trans. Edwin Curly, Penguin Classics.

3분 36초

고든, 메리, 2010, 『공감의 뿌리(*Root of Empathy: Changing the World Child by Child* by Mary Gordon, 2009)』, 문희경 역, 샨티.

단테, 알레기에리, 2013, 『신곡(*La divina commedia* by Dante, Alighieri)』, 박상진 역, 민음사.

와일드, 오스카, 2015, 『행복한 왕자(*The Happy Prince* by Oscar Wilde, 1888)』, 이시민 역, 창비.

KBS 사회적 자본 제작팀, 2017, 『사회적 자본』.

찾아보기